U0020566

「妳又要去東京？」
「對！」
「不是去很多次了嗎？」
「這次不一樣，因為我要去發呆一個月。」

在線上跟友人説起兩天後即將出發的行程，螢幕上看不到友人的表情，但是那張瞪大眼睛、嘴巴呈現「O」的形狀的驚愕臉龐，還是從他的文字間發射出來。

「在東京發呆一個月，不會太奢侈！？」
「不，夢想達成不是來自於金錢，而是來自於靈魂與意志。」
得意的説，但螢幕前的我已經心虛起來。

要去物價那麼高的東京生活一個月，目的不是學習或進修，卻只是想「發呆」，這種奢侈讓我在旅費的各種細項中盤算又盤算。可是一連串「不要再算了人生難得幾回放縱妳就盡情揮霍快去吧」的邪惡念頭，總是時不時冒出頭，然後完勝每條理智線。更別説我就在這樣邪惡的念頭下，迷茫地訂了一間在上野鬧區、附有一個廚房和獨立衛浴的小公寓作為棲身基地。「住得好，人才能放鬆鬆鬆鬆鬆……」當時的我就是在這個餘音繞樑下，按下確認鍵的。

還沒出發，我噴出去的住宿費，早就把靈魂跟意志榨了半乾。剩下的另一半，不停催眠我：沒關係，人生（金錢）總會找到出路。兩天後，我帶著僅存但志得意滿的靈魂與意志，出發東京。

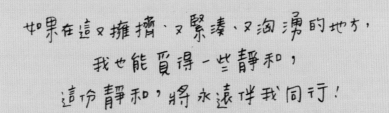

如果在這又擁擠、又緊湊、又洶湧的地方，
我也能覓得一些靜和，
這份靜和，將永遠伴我同行！

Contents

TOKYO，放鬆出走

一期一繪的東京慢活風景

Hello !

出發！

飛機到達時已過中午，跟著落地在東京的人非常多，等辦好手續走出機場都快下午。入秋的 11 月中，氣溫只有 10 度上下，我穿好大衣、圍上圍巾、拉緊領口後開始轉乘地鐵。過去幾次到東京的經驗告訴我，在地鐵地獄中搭錯車或坐錯方向不用意外，那是東京旅遊的額外紅利。但這次只有自己一個人，又帶了山一樣大的行李，那樣的「紅利」，是此時此刻的我最不想得到的。

在月台再三確認，上了車也不敢放鬆，深怕坐錯站地繃緊神經，我身體不停發熱，終於在離開地鐵、順利來到地面並確認就是我的京成上野站後，已經滿身大汗。我用力扯掉圍巾，開心地大口呼吸新鮮的街道空氣，心裡好興奮。

「咳！！」

哎喲我的媽，從京成上野站出來，是一個大十字路口，車多、人多、廢氣多，我嗆得大口咳嗽。咳嗽時停下幾秒的腳步，不小心成為人流中的絆腳石。左邊碰一下、右邊撞一下，我渺小如溪流中的石子，腳步還沒站穩就被水流推著往前滾去。

以為新宿人最多，沒想到上野也有得比。擁擠、雜亂與緊繃，剛剛的開心秒逝去。在急速人群的推擠下，我跟跟蹌蹌，煩躁濃度直線上升，看著對街一整排的扭蛋機，好想去把它們通通捏爆！

小石子我在水流中，拉著行李箱，在凹凸不平的人行道磚面上喀啦喀啦前進，我又脫去大衣，一邊使勁平衡行李、一邊很老派的拿著事先印好的地圖尋找我那帶廚房的家。「對，想想我的廚房。」在東京能找到有廚房的公寓，這種得意成為我當下冷卻爆炸的鎮定劑。

但爆炸沒有被冷卻，希望也沒有變大。在來來回回找不到公寓後，才下午四點，太陽卻已經準備落下的此刻，我把領口解到最大，怒吼一聲把地圖用力往包包裡塞，然後拿出手機導航。在身上衣服被我脫光前，我努力加快腳步前進，但比起路人雖然急速但仍顯從容的優雅，催緊油門前進卻依然顛簸緩慢的我，一臉猙獰、狼狽不堪。

在先進工具的領航中，才發現我根本在一個圈圈裡轉來轉去，最後在天全黑之前，終於找到我未來一個月的家。公寓位置很好，一樓是便利商店，還有一陣陣香噴噴的燒烤味道從旁邊巷子飄來。可是我無心停留、繼續顛簸著往三樓邁進，開了房門，我像洩壓一樣把行李箱往地上一甩，再用滑壘的速度把自己往床上丟去，火球終於慢慢冷卻下來。

躺在床上，累得連眼珠子都不想動的我，還是努力把它往九點鐘方向轉去，然後看見了「我得意的廚房」……

好小。

我閉上眼。沒關係，幸好我有帶浪漫的靈魂與堅韌的意志一同前來。

我的窩 in TOKYO！

一字型的流理台，好吧……
這也算得上是廚房

在東京能找到一間行李箱可以
攤平，還附有「小廚房」及浴
缸的公寓，已經是六星級享受。
剛好位於角間的這個房間，還
有兩扇大窗，可以俯瞰兩個不
同角度的街景。

工作人員知道我一個人前來，
幫我撤掉床邊的小沙發，換上
單人座餐桌，好貼心。

浴室很迷你，
但還是塞了一個
可以坐著泡澡的
小浴缸 ♡

這間公寓我是在 airbnb 上面
找到的，但經過幾年疫情，
再上去搜尋時已經沒有這間
公寓的資訊。但上野地區有
很多飯店可以選擇，若是女
孩一人單獨前往又希望經濟
實惠，上野地區有一間「百
夫長女性青年旅館」可以選
擇。

我買了幾盆植物妝點
房間，感覺比較像個家

床邊的大窗戶
可以眺望不遠的
上野公園荷花池

在這張長桌子上，完成了許多東京插畫，
但侷促的空間很讓人腰酸背痛…

Let's Go !

書中關於景點或店家的資訊參考，
可能有所變動。
出發前還是要再三確認喔！

relax
1

- TOKYO -

上野恩賜公園

半吊子的
退休生活

過去在壓力山大的成堆工作中，我最微小又最巨大的夢想就是希望有一天
可以睡到大中午。昨晚匆匆在公寓樓下的便利商店覓食後，就昏昏沉沉地
睡去，心裡期待著第二天一睜開眼就可以看見久違的正午烈日。

「可惡！」我睜開眼看見牆上的時鐘，六點半。

沒想到該死的臨老症狀──天一亮自然醒──跟著我飛來東京。我死命地閉上眼睛催眠自己其實很想睡、還能睡、快睡吧，可是越想睡去，精神就越亢奮，最後直直地坐起身來，千百個不甘願。

早起的鳥兒有蟲吃，我沒有蟲吃，也不想去找蟲吃。

「還是今天整天就這樣坐著……」我打從內心覺得不如就這樣辦時，從床邊的大窗戶向外瞥見兩排房子間露出一角的荷花池。

我的公寓就在距離上野恩賜公園不到 200 公尺的南邊，當時也是因為這個絕佳的地理位置才失心瘋訂下這間要價不斐的公寓。既然如此，與其坐在床上發呆，不如坐在公園的椅子上打盹，徹頭徹尾當個無所事事的退休老人。

上野恩賜公園真的很大，說是公園，反而比較像是文化園區。除了公園該有的樣子外，還有幾座神社與動物園，及散落各處的西洋美術館、東京都美術館、科學博物館……我很想抱起一本導覽

手冊當個文青少女走訪各個館區，但不行，今天的角色是退休老人，我必須認真地扮演好這個得來不易的選角。

平常日的公園，遊客稀稀落落，秋天的銀杏葉片片落下如黃金雨。太優良了！作為一日退休生活，此情此景，如天上人間，逍遙自在～我物色了一張荷花池邊的木頭椅，一屁股坐下開始揣摩無所事事的姿勢與表情。

滴答滴答滴答……

「嗯。」

滴答滴答滴答……

「退休生活那麼無聊嗎！？」平常習慣忙得團團轉的我，才坐下不到20分鐘已經開始坐立難安、渾身發癢。我焦慮得點敲著手指、上下左右來回張望，眼前淡定蹲坐在池水圍欄上的幾隻鴿子，狐疑的歪頭盯著扭動的我，四目交接時，我向牠們討教能夠如此定靜的訣竅——沒得到答案。我站起身，果斷結束這半吊子的退休生活，開始往公園深處的各個景點走去。走到鐵腿的探險與尋鮮，還是比較適合我。

雖然這天的一日退休生活草草了事，但因為公寓距離這裡很近，在東京的這一個月中，我有事沒事就會往這裡跑。經驗使然，來公園我不再只是靜靜地坐著，而是帶上一杯咖啡與一本精彩的懸疑推理小說，在打坐的鴿子們面前，緊張刺激的埋首在懸疑故事中，偶爾在情節高潮處「啊ㄏㄚˋ」一聲，打擾鴿子們的退休生活。

公園裡有幾間咖啡店，
在荷花池邊坐到腰酸時，
我就會移往露天咖啡座
繼續發呆。

在荷花池北方，有一間江戶時代就創立，
至今200多年歷史的蒲燒鰻魚老店—
伊豆榮梅川亭。

碳火烤的魚肉+透著sauce的米飯，
好吃到上天堂！

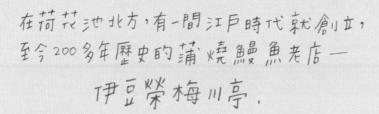

晚上在公園
跑跑步也很舒服～
假日會有街頭藝人表演，
夜晚的氛圍很不一樣哪！

沒辦法到京都
看那綿延不絕的
「千本鳥居」，在這裡的
花園稻荷神社一樣滿足願望。

\ 上野恩賜公園 /

放鬆指數 ★★★★
雖然要進入完全的退休生活很困難，
但公園靜好的氣氛，總是可以讓人很放鬆。

東京都台東區上野公園池之端三丁目
05:00 - 23:00 / 無料入場

恩賜上野動物園
09:30-17:00
休日：每週一（若週一逢國定假日或彈性放假，則改休隔天）、新年假期
票價：一般民眾日幣 600/ 小學生以下免費 /65 歲以上日幣 300

園區內美術館及博物館
開放時間不一，約 09:30-17:00 / 假日會延後至約 20:00 閉館
休日：不一，大部分為週一
票價：每館規定不同，出發前請先查詢喔

伊豆榮梅川亭
11:30-14:30 / 17:00-20:30
休日：每週一
平均每人用餐費用約日幣 3000

STARBUCKS
08:00-21:00
無休

PARK SIDE CAFE
星期一至五 10:00-21:00 / 星期六、日、假日 09:00-21:00
無休

日比谷線　　　　　　　　　　　上　野
銀座線
JR 山手線
京成本線　　　　　　　　　　京成上野

relax
2

- TOKYO -

神宮外苑
銀杏祭

闇黑的祭典與
衝擊的香腸

出發前我就做足了功課，每年 11 月中到 12 月初，在神宮外苑都會舉辦銀杏祭典。祭典，就是有得看、有得玩、有得拍、有得吃。對於我這骨子裡住著一個阿桑的老派靈魂來說，看、玩、拍、吃這種不用動腦袋只需要動眼動口的活動，簡直是天堂般的存在。

為此，我還特地將放鬆旅遊的日期安排在祭典舉辦前後，深怕錯過。直到訂好機票，確認來到東京第二天就能參加祭典，心裡的忐忑才平復下來。這天，我依舊早早醒來，心裡相當欣慰臨老症狀的伴隨，才能讓我不錯過所有重要時刻。我，要去參加祭典啦！行前功課告訴我，一定要準備野餐墊，才能在銀杏葉飄落間，像個情竇初開的少女、如夢似幻的享受金黃色慶典美食。「好的～」我愉快的再三確認野餐墊已經放進包包，然後換上老早就在台灣挑選好的花洋裝，再戴上一個如龐德女郎般的大帽沿遮陽草帽。「陽光、銀杏、美食，我來囉～」我開心地出門去。

唰——

「這是……」我摸了摸頭髮，仰起頭，瞇著眼，看著從天空落下的、濕濕的、涼涼的、如影隨形的。「……雨嗎？」噢！我低下頭咒罵一聲，站在公寓門口，簡直不敢相信，不知道該往前走還是該轉身回頭。「我跳進來了！」「我又跳出去了！」在門口的裡裡外外，大概躊躇了有 10 分鐘之久，才心一橫，決定繼續出發。別忘了我不是有浪漫的靈魂與堅韌的意志嗎？

在地鐵上還沒什麼感覺，但從青山一丁目站出來、往神宮外苑的祭典場地方向前進時，我感覺靈魂開始冷硬、意志開始崩解。

「也・太・冷・了・吧！」

雨雖然不大，但落水伴隨寒風直直撲在身上，我那一身花洋裝狼狽的濕了一大半。彎著腰，我全身緊繃發抖、背脊冷得僵硬刺痛，像個佝僂老人吃力地前進。更別說還要使勁壓制在風裡展翅飛翔的遮陽帽，讓我整個人更顯得奇形怪狀。

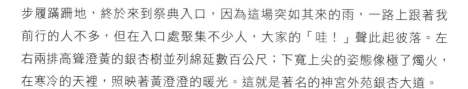

步履蹣跚地，終於來到祭典入口，因為這場突如其來的雨，一路上跟著我前行的人不多，但在入口處聚集不少人，大家的「哇！」聲此起彼落。左右兩排高聳澄黃的銀杏樹並列綿延數百公尺；下寬上尖的姿態像極了燭火，在寒冷的天裡，照映著黃澄澄的暖光。這就是著名的神宮外苑銀杏大道。

走在大道上，因為直不起來的腰，我吃力地抬著下巴欣賞這美麗燭火。兩邊川流而過的遊客很自動的讓出絕對空間、目視我走過，想必覺得我身患殘疾還執意前來祭典，真是令人可敬。

因為冷，肚子一下就餓了起來。我一路「如患殘疾」般尋找攤販美食區，覺得這時一碗熱騰騰的湯或食物一定能讓我痊癒。可是轉進美食區後，眼前景象讓我因為長時間抬著下巴而僵硬的後頸，更加僵硬了。好淒涼啊……別說如夢似幻的野餐，眼前的攤販零零落落，有些蓋上帆布，徒有形體卻毫無生氣的陷在溼透的泥巴地裡。我如履薄冰，努力不在泥巴地上打滑，終於看見一座點著溫暖鵝黃燈光、冒著熱氣、飄著香味的燒烤攤。我穩住滑速，左右搖晃一路滑過去，剛好滑到攤前停下來。

專注烤著食物的老婆婆，可能跟我一樣心已半死，完全沒有抬頭招呼我。我快速地在鐵網上撿選幾樣食物，然後從一旁的大鍋中裝了一碗熱湯。結完帳後，佐著雨水調味，再滑去一旁主辦單位搭建的白色棚屋用餐。

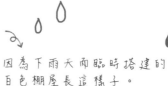

因為下雨天而臨時搭建的白色棚屋長這樣子。

「噢！我的腰啊！」捧著熱騰騰的味噌湯，熱度從喉間暖過身體，腰跟背終於緩過來。看著剛才倉促揀選的幾串燒烤，我搓了搓手，挑了一支看起來有紮實肉塊的香腸大口咬下。

「噢！我的媽啊！」一股濃厚的腥羶味在嘴巴裡爆發！我的腰瞬間挺直起來，正有一股想把食物吐出來的衝動時，剛才怎樣也不看我的老婆婆，邪門的在這個瞬間往我的方向看過來，我機警的暫停動作，輕輕地對面無表情的她點了點頭，然後保持優雅慢慢轉過身，使勁嚥下這口嚇壞我的肉塊。老婆婆還有沒有繼續看，我不知道，可是這支香腸我知道我死也不會再吃第二口。為了沖淡滿腔的腥味，我一口氣把整碗味噌湯往嘴巴裡倒，心，也在吞下最後一口湯時，全死。

我期待了無數個日夜的銀杏祭典，在黃澄澄的雨中與
闇黑料理下，打上了憤怒的句號。我不敢想，
等等還要如何地「謙卑再謙卑」
才能走回地鐵站。

\ 神宮外苑銀杏祭 /

放鬆指數 ★★
又濕又冷的銀杏祭完全不銀杏祭，
那謎樣又衝擊的香腸也一點都不香腸，太不放鬆了這天。

東京都港區北青山1丁目7番
10:00 − 16:30 / 無料入場

每年舉辦時間不一定，但都落在11月中至12月初期間。
出發前可至官網查詢：
www.jingugaien-ichomatsuri.jp

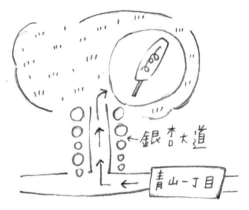

祭典活動與美食區
位置每年都不一樣，
不過大部分都會在
走過銀杏大道後
右轉的方向

	大江戶線	青山一丁目 國立競技場
	銀座線	青山一丁目
	半藏門線	
	JR 中央線	信濃町 / 千駄谷

relax
3

- TOKYO -
築地市場

美食計畫之
仰天長嘯

因為昨天的苦難，今天老天爺似乎開始同情我，讓我睜開眼時，短指針正
走在 8 與 9 中間。

「感謝老天……」

因為睡得比平常晚，一醒來第一個五感就是覺得好餓。尤其經歷昨天的闇黑香腸，我渴望搜括所有好吃的東西，好抹去那可怕的味蕾記憶。要搜刮美食，就要往廚房去，東京人的後廚房，莫屬築地市場。雖然 2018 年築地市場搬遷到豐洲，但搬遷的主要是新鮮魚貨採購的場內市場；許多充滿元氣與美味的小吃店與食堂，還是繼續在場外市場營業。一想到這裡，我又充滿鬥志地跳起來。

有了昨天的經驗，今天出門前我特別站在窗邊仔細觀察，天黑鴉鴉的，看樣子我人生的陰霾全跟著我坐飛機來了。不過沒關係，別忘了我不是有浪漫的靈魂與堅韌的意志嗎？──雖然我開始對此存疑。總之，多加件衣服再帶上雨具，然後記得把那頂昨天沒遠走高飛的大草帽塞進床底下。準備就緒，出發。

才剛出門，雨就開始無情的下，到市場時已經接近 11 點。我聽見自己肚子餓得打鼓的聲音，有點難為情。幸好在轉入市場口時就看見早已鎖定的飯糰小店。這間築地おにぎり屋丸豐，會放進我口袋名單第一位是因為「大胃女王吃遍日本」這個節目。當時看著三宅智子與俄羅斯佐藤大口大口的咬著飯糰，我心生的羨慕幾乎把世界淹沒。如果我也能卯起來吃遍各個口味的飯糰而身材依然纖瘦，人生夫復何求……因為這樣的幻想，我還在夢中做了幾場吃飯糰的美夢。而今，我站在夢境中的場景裡，雖然沒有纖瘦的身軀，但看著眼前魅力四射的飯糰，我還是決定用盡畢生最大食量能吃一個是一個！

飯糰種類很多，架子上若沒有想吃的，也可以從掛牌上點。另外加購一份脆脆的醃漬菜，搭配起來超開胃！

Q. 妳最推薦什麼口味的飯糰？

因為我個人非常喜歡日本醃漬菜，所以五顆飯糰裡面給醃漬菜飯糰第一名！爽脆鹹香的醃漬菜還佐了提味的昆布絲，讓人吃得魂牽夢縈，很想再衝去多買幾顆啊。

Q. 我也想多吃幾顆，會很貴嗎？

一顆大約是台幣 60 ～ 80 元，但各個飽滿豐腴、份量很大喔。

Q. 本來剩下 10% 的滿腹計空間，妳想吃什麼？

很多啊！有名的雞屁股飯、充滿高湯的濃郁玉子燒、現點現烤的大牡蠣與干貝，還有大胃女王也去吃過的牛雜湯。

不要小看築地丸豐只是間飯糰小店，店面雖小，但架上的飯糰樣式簡直眼花撩亂，雖然不知道老闆一天總共會做幾種口味的飯糰，但眼前所見，粗略一數，至少就超過 30 款。而且每一款圓圓胖胖、份量極大。在節目中有透露飯糰銷售前三名：貓飯糰（類似台灣油蔥口味）、炸蝦飯糰、溫泉蛋飯糰。行前我抱定這三款一定必吃的決心，但真的身臨其境後，眼前的每顆飯糰都熱情向我自薦，我反而拿不定主意了。最後像是失心瘋——也可能因昨天的闇黑香腸刺激——一樣，一口氣拿了 5 顆飯糰：炸蝦飯糰、紫蘇梅飯糰、醃漬菜飯糰、明太子飯糰與上面貼了一大塊炙燒章魚的奢華飯糰。我得意的笑。

市場沒有可以坐下吃東西的地方，但場邊一棟像是活動中心的白色建築，三樓有挪出一個房間，擺上桌椅讓大家用餐。我急急找了個空位，像抽獎一樣隨意往袋子裡抽出一顆飯糰，撕開膠膜大口咬下，噢，這才叫食物啊！我抽到的是紫蘇梅飯糰，紫蘇葉的清香搭配微鹹酸透的梅子，一顆飯糰包進了整個日本醃漬文化的精隨，太好吃了！吃完後意猶未盡，我又抽了一顆明太子飯糰，才剛撕掉膠膜，卻再也吃不下了，肚子的滿腹計（註）瞬間

90% 紅，剩下的 10% 我想留給其他美食。對於如此掉漆的食量，我簡直愧對那幾場大胃王夢。剩下的四顆飯糰，拿來當早餐或消夜吧。

收起飯糰走出中心後，雨勢越來越大。這個雨勢沒有阻擋滿滿的食客，許多人站在店家外的長廊上躲雨、順便就近購買店內小吃，站著就吃了起來。前幾次到築地市場，人雖一樣多，但至少天氣晴朗；這一次人沒有少，可是雨中的市場行走起來真的非常困難，尤其那些駐足長廊就不再移動的遊客，就像是掉落的障礙物，完全阻去我的 10% 美食之路。眼看視線中完全沒有餘地讓人行走，我只能放棄主要幹道的美食，往一旁錯縱的小巷走去。沒想到這一走，又是災難的開始。築地市場內的巷弄非常小，大家的雨傘在摩肩擦踵間彼此撞擊，禮貌一些的會在錯身同時稍稍收起雨傘避免打到別人腦袋；蠻橫一點的如螃蟹橫走，完全不顧他人死活。我就在被一隻螃蟹撞擊後，一腳踩進一個大水窪裡。

啪啦！

一只鞋瞬間泡澡！在這氣溫 10 度的天氣裡，我不敢相信接下來的行程必須把腳浸泡在超含水的鞋子中！這樣的驚愕讓我想丟下雨傘跪地仰天長嘯！苦難還沒結束嗎！拖著吸飽水分的右腳，我一拐一拐，不想把力量加壓在這一邊，又如昨日殘疾般在巷弄裡找了一間比車庫還小的店，隨意的往菜單上指了一份湯品後就

橫行的雨傘螃蟹。

註：滿腹計是在「大胃女王吃遍日本」節目中，用來顯示未來賓肚子有幾分飽的計量牌。

往最深處的角落座位走去，在暗處，把包包裡所有能吸水的東西通通往鞋子裡面塞，待乾。

剛才隨意在菜單上一指的湯品，是一碗只有兩顆蛤蜊的湯，但醉翁之意不在酒，我只想在我的小角落裡等待鞋子乾燥，所以用極慢的速度一點一點啜著湯液，怕太快吃完老闆娘會要我離開讓座給其他客人。可是這碗湯實在太小，我就算三倍慢速也一下子就喝光，一個蛤蜊殼舔了又舔。眼看不是辦法，我又喚了老闆娘，點了一道看起來很燙、可以吃比較久的豆腐陶鍋。老闆娘寫完菜單後意味深長的看了我一眼，她可能心裡想，我是有多愛喝湯。

終於在豆腐陶鍋見底後，我的鞋子已經不會再滴出水來，但依然保濕。我在腳上先套了一只塑膠袋才穿上鞋襪，露出的塑膠袋把手在腳踝處綁一個啾啾，我催眠自己這樣很山本風，根本是流行尖端，然後提著四顆飯糰，又一拐一拐殘疾般離開。我在築地市場依計畫滿腹計全紅，可是最後的 10% 獻給了兩道莫名的湯品，比起昨日的悲慘，今天更顯得淒涼。

酒蒸蛤蜊

豆腐陶鍋

\ 築地市場 /

放鬆指數 ★★★
超含水的鞋子讓人很崩潰，
但飯糰實在太好吃，為了美食，我給它三顆星。

東京都中央區築地 4 丁目築地場外市場
約 05:00 - 15:00 各店家不一 / 13:30 過後店家會陸續收攤

築地市場每年會有當年度排定的休市日，遇到休市日，大多數店家會跟著休息。
出發前可至官網查詢：
www.tsukiji.or.jp

丸豊飯糰
05:00-15:00
休日：星期三、星期日

※ 有幾間我沒有介紹但非常受歡迎的店家，也推薦給你們：

丸武玉子燒
平日 04:00-14:30 / 假日 08:00-14:00

狐狸屋牛雜湯
06:30-13:30
休日：星期日

そらつき草莓大福
08:00-15:00

さのきや 鮪魚燒 (鮪魚形狀的鯛魚燒)
08:00-15:00
休日：星期日

 日比谷線 ══════ 築地 東銀座

淺草線 ══════ 東銀座

大江戸線 ══════ 築地市場

relax
4

- TOKYO -

自由之丘

雨天中的
捉迷藏

自由之丘是我每到東京必定造訪的地方，去千百次也不厭倦。「甜點與雜
貨控的天堂」是大家為這裡著迷的註解，但對我來説，甜點與雜貨的魅力
雖然很大，但把我每次都吸引過去一整天的，是身在自由之丘的那份安定
感。

湛藍的天空、透徹的陽光、低矮的建築、歐式的氛圍，每一條直與橫的巷弄，小店在門口種滿花草。販售雜貨的店家，會把店裡面的商品不嫌麻煩的擺到街道上，猶如觸手可及的街頭櫥窗，亂中有序、序中眼花撩亂。走在這裡，整個自由之丘就是一間大型生活雜貨甜點店，每一步都可以看、可以逛、可以吃、可以把玩。說是天堂，完全不為過。

而「安定感」來自於，每次身在自由之丘我都會在巷弄中挑選「我心目中的家」，然後站在那棟建築物前，開始幻想那是自己的家，一早，撐著白色陽傘，穿上一身日系輕便洋裝再搭配一只草編籃，在每個街角的花店裡穿梭，挑選一束最適合的花草回家，陽光灑落間，在大片落地玻璃窗前把花草插進花瓶裡，然後無所事事盯著它看⋯⋯

刷──刷──刷──

一陣熟悉的聲音把我從幻想中敲醒。

沒關係，這聲音我已經聽了無數天，「來到東京後，也沒聽過其他聲音啊⋯⋯」我自我放棄的站在公寓門口，不再想著「別忘了我不是有浪漫的靈魂與堅韌的意志嗎？」這件事，倒是很釋懷地跟自己說，在豔陽高照時去了自由之丘那麼多次，雨天裡的自由之丘好像從來沒看過，不如就去見識見識。有了前兩天的苦難，我很吃驚原來自己如此樂觀，於是，帶著這過分的樂觀，出發自由之丘。

從自由之丘站出來後，圍繞著車站的四周都有許多雜貨小店可以逛，但最主要的商圈還是集中在正面口（北口），尤其是許多知名甜點店都座落這一區，若你們還不曾造訪自由之丘，可以先鎖定這個方向前進，才不會有逛到殘廢卻還是逛不完的遺憾。

因為雨天，我對「把雜貨堆放到街道上」這個
畫面已經不再期待，我想應該沒有任何店家
會做這樣自殺性的銷售。所以一從正面口出
來後，我就撐起雨傘，直直地往車站右前方
的一排騎樓走去，因為這裡有一間貴婦甜點店
「MONT-BLANC」，是蒙布朗蛋糕始祖。在不能
盡情享受陽光與雜貨的陰霾天裡，用邪惡的高熱量
彌補身心靈絕對是最好的辦法。

但對於想來這裡高熱量一下的你們，我想先請大家要有心理準備。日本的
咖啡店或甜點店與台灣有點不太一樣；在台灣，這樣的店家通常都非常通
透，縱使沒有大片落地窗也會有許多引進陽光的對外窗，我們可以一邊享
受美味一邊看著窗外景色發呆。可是日本呢，許多店家喜歡把自己緊緊包
起來，別說落地窗，就算有窗戶也會用霧面磨砂紙貼起。我們只能一邊享
受美味一邊看著空盤發呆。

「MONT-BLANC」也是。走進店家後會先看見商品販售區，販賣這裡自製
的甜點蛋糕與琳瑯滿目的禮品。想吃招牌蒙布朗，請不要害怕，繼續往前
走，然後下幾個階梯，來到類地下室的用餐區，在四周完全封閉的鵝黃燈
光空間裡，與每一桌都套裝、項鍊與耳環全套齊全的自由之丘貴婦們，比
鄰而坐。幸好我早在出發前就備好了「自由之丘服裝」，在一個人前來用
餐的這時候，才能有足夠勇氣，走向蒙布朗的鵝黃燈光裡。

氣勢不輸人，我一口氣點了栗子千層派、蒙布朗及一杯熱抹茶。在沒有景
色可以欣賞之下，很專心的一口一口品嘗。好吃已經不用多作形容，最讓
我驚喜的是，在條狀栗子醬包裹下的蛋糕體內，還藏了一整顆飽滿的糖漬
栗子，湯匙一劃開，買一送一超驚喜。吃完兩款蛋糕、很想來口水時，我

的熱抹茶終於送來，可是這熱抹茶……與我心目中一整杯可以緩解甜膩的形象大不相同：矮矮胖胖的器皿，與其說一杯，比較像一碗，探頭一看，裡面的抹茶高度大概只有碗緣的 1/4。以精準度量衡來說，就是直徑 8 公分、高度 2 公分這樣的體積。痴，我好像點到傳統茶道刷茶了！就是那種以恭敬之心品嘗注茶者把心意刷進茶湯中但卻完全不能解渴的抹茶！

我坐挺身軀，以恭敬之心喝完不到三口的超濃郁抹茶後，上顎、舌頭與下顎像三明治一樣緊緊黏在一起，嘴巴真的乾得快發瘋，心想冒著又再點錯的風險，不如快離開去找水喝還比較實在。我快速起身去結帳，並在說不完的ありがとうございます餘音中……顧不得禮貌拋下店員，往街角的販賣機飛去，火速投下一瓶冰涼綠茶，嘴裡的三明治才終於解體獲救。

雨天的自由之丘真的很難逛。沒有大刺刺擺在街道上的雜貨，花店把花草都收起來，原本擺放在小店門口的鄉村桌椅也被蓋上帆布。原來晴天之外的自由之丘，也只是普通世界啊。

我意興闌珊地走逛了幾間雜貨店，過去每每來到這裡就被燃起的購物慾，這天隨著大雨濕冷到骨子裡。因為天氣惡劣，不到四點天色就昏昏暗暗，既然幻想中的自由之丘今日不復存在，我也早早的收拾心情準備離開。

往車站的半路上，忽然一陣滂沱大雨，把我逼進離自己最近的一個遮雨棚

ありがとうございます是日文的謝謝，通常店員
會恭敬的重複說許多次，直到客人離開。

你們看這抹茶的份量，
是不是極度精緻……

下，「いらっしゃいませ！」，我回過頭，看見一位穿著白上衣、灰窄裙、笑容甜美的小姐招呼著我，原來我站在人家店門口。半推半就下（其實她也沒推我），我走進店裡，「哇嗚……」心裡驚呼，是一間茶店！應該說，是一間茶葉茶品專賣店「Lupicia 綠碧茶園」。店裡的茶品玲瑯滿目，除了矮櫃上各式各樣包裝的茶禮盒外，在店的另一頭，兩面大牆上擺滿了來自各國、不同類型的茶葉。這些茶葉被裝在一個個小小的圓形鐵盒裡，如果對該款茶葉有興趣，就能自己打開鐵盒蓋試聞香氣。斯里蘭卡的紅茶、中國的普洱、台灣的烏龍……每一個鐵盒旁邊都註明了茶葉的名稱、原產地、販售款式及價格。購買前完全無需有壓力，可以慢慢挑、細細聞，隨心所欲的泡在茶香裡。

這也是天堂啊！對很愛喝茶、無茶無命的我來說，好像在已經黑去的自由之丘裡，重新找到光的入口。最讓我興奮的是，這裡不只有原味茶，還有許多隨著季節或產地推出的調和茶，像是春夏季節有白桃煎茶、葡萄綠茶、加了果乾的芒果紅茶；秋冬則推出櫻花、栗子、可可等口味的調和茶。

我在日本茶區、一個鐵罐中發現混合了紅色、金色小珠子的茶葉，樣式新奇又討喜，我拿給剛剛笑容甜美的小姐，指著小珠子，問她那是什麼？小姐堆滿笑容說了一大串日文，我全都聽不懂，她看我一頭霧水，思考了一下好像想著要怎麼重新跟我解釋，然後又換了另一大串日文，我還是聽不懂。正想跟她說沒關係時，她把雙手擋在臉前面、又拿開、又擋住、又拿開，然後笑得天花亂墜。痾……我傻住，好想走。

但看她笑得那樣開心，我不忍心就此離開，只好勉為其難拿出手機，請她對著翻譯軟體說話，結果翻出來三個字：捉迷藏。

「喔喔喔呵呵呵……」我邊點頭邊傻笑，然後慢慢移開，依舊一頭霧水，身後的她好像還繼續在笑。最後我買了這罐「捉迷藏」與一款紅茶與綠茶調和的「自由が丘」，在天色全黑的大雨街道中，有點滿足又滿腹疑惑的離開謎樣的自由之丘。

原來，那紅色與金色的小珠子，是日本金平糖，注入熱水後，糖會慢慢化開，香香甜甜，很能舒緩情緒。「捉迷藏」大概是在茶湯裡尋找化開消失的金平糖吧。

雨天中全都消失的花店，
我們下次見！

Today's special

在自由之丘很有人氣的 today's special，
是不能錯過的超好逛生活雜貨店，
一進去就很難走出來

可愛的琺瑯或
馬口鐵容器，
是我最愛的
自由之丘雜貨。

花樣多變的各式布品，
是我第2名瘋狂的
日本好物。

← 這是牛奶糖

包裝超美
但不知道好不好吃？
因為捨不得拆。

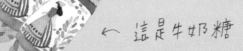

\ 自由之丘 /

放鬆指數 ★★★★
下雨天的自由之丘真的非常不美，但那溫暖又帶點香甜的捉迷藏，
反而讓雨天的自由之丘劃了一點光亮。

東京都目黑區自由が丘
營業時間各店家不一，但大多在早上 10 點之後營業。

主要逛街路線集中在自由が丘車站北口（正面口），但環繞整個自由が丘車站
四周，都有許多大大小小店家可以前往。

MONT-BLANC 甜點店
東京都目黑區自由之丘 1-29-3
10:00-19:00
休日：休日不定

TODAY'S SPECIAL
東京都目黑區自由之丘 2-17-8
11:00-8:00

Lupicia 綠碧茶園
東京都目黑區自由之丘 1-25-17
10:00-20:00
休日：休日不定

　東急東橫線 ──────────── 自由之丘

天氣好時的自由之丘
應該是這個樣子！

商品都會被擺到街道上
非常好逛。

- TOKYO -

門前仲町

夜裡
讓人顫抖的阿婆食堂

從自由之丘回來後，那沒有打算停止的雨，更變本加厲。我僅存殘渣般的
「浪漫的靈魂與堅韌的意志」，徹底崩毀殆盡。對於天氣的挑釁，我整個
人意興闌珊，像一塊認輸的破布，只想躺在床上繼續破下去。

接下來幾天，除了起來廁所、洗澡，其他時間我很盡責地爛在床上。床邊

的小圓桌，擠滿了便利商店的食物包裝紙，隨著時間，包裝紙山越來越高，偶爾會有一兩位跌下山去，我也沒打算救援。

然後我聽見了！不，應該說，我沒聽見了！

在三天後的某個近傍晚時分，我耳邊的雨聲終於消失。聽著聽不見的雨聲，癱在床上多天的我使勁用雙手撐起損毀的意志，然後像是環繞太空 100 年的太空人終於著陸那樣，痛苦的踩地站起。就算天已黑去，我也想出門透透氣！原本打算直接從上野御徒町搭乘大江戶線到不用轉車的月島站，吃上一大塊熱騰騰的文字燒把意志救活，卻在混沌中，莫名提前一站，在「門前仲町」下車。站在地鐵出口處發現下錯站的我白眼翻到頂，簡直不敢相信。但怎樣我也不想在下班尖峰時間重回月台、擠進車廂。就這樣一邊想掐死自己一邊往老街走去。

對於門前仲町，我沒什麼太深的印象，只知道除了是很有江戶老味道的傳統街區外，還有「深川不動堂」及「富岡八幡宮」兩間有名的寺廟。但這個時間點通往寺廟的參道商店街幾乎都已打烊，遊客也三三兩兩，肚子餓扁的我只能從兩旁小巷尋覓食物。這裡的餐酒館、居酒屋非常多，但規模都不大，看起來不是接待觀光客，而是讓在地人小酌吃飯、話武林的小天地。我一個女生沒有武林可話，要走進這樣的小天地，說實在，極度需要勇氣。在巷子裡來來回回走了幾趟，我鎖定一間在小巷最末端、客人不多、櫃檯裡面只有一位老阿婆坐鎮的小餐館，心想，這間我應該能勝任，這才深呼吸、推開門走進去。

餐館燈光昏暗，左手邊是延伸到店深處的料理櫃台，右邊是一排需要脫鞋的塌塌米座位。餐館裡除了我與阿婆，其他幾位是喝酒吃飯的阿伯。推開門的聲音吸引大家的目光，他們好奇地打量這個沒見過的陌生人。我彆扭的輕輕鞠躬點頭，他們大概看出來我是外國人，便各自轉過頭繼續聊天。

阿婆有一張紙板臉，沒有笑容也沒有表情，指了指一桌沒人的位置，示意我自己入座。桌上擺著菜單，一看，很不妙。可能鮮少接待觀光客，菜單沒有照片也沒有英文，全是蝌蚪文字。我想點個什麼都有的火鍋，最快速又簡單，所以對著阿婆烙了一句我最會講的日文：「しゃぶしゃぶ」。阿婆抬頭看了我，指著後面牆壁上的火鍋照片說了幾句話。我聽不懂，只好用手比一個鍋子的形狀，再作勢涮肉、呼呼的吹……阿婆又接著說了許多，我還是不懂，一臉疑惑。隔壁桌原本熱烈話武林的阿伯看不下去，站起來走到火鍋照片旁，指著鍋然後微半蹲、誇張的用雙手比了一個大叉，說：NO！這下我懂了，沒有火鍋。

在看不懂菜單的窘境下，我只好拿出手機逐字翻譯，花了很長的時間——大概長到大家都以為我只是進來坐著的路人——搞懂菜單後，跟阿婆隨意比了幾道。翻譯軟體翻出來的中文很怪，我有點忐忑不安，但覺得來什麼都好，只要不會像在築地市場來一堆湯就好。雖然食堂裡只有阿婆一人料理，但上餐速度卻出奇地快。差不多才 20 分鐘吧，我點的菜全都到齊了。「啊ㄏㄚˋ！」我搓了搓手，對自己點的餐點非常滿意，看起來色香味俱全，視覺 100！尤其那在鐵盤上滋滋作響的德國香腸 MIX，聲音像勾魂一樣讓人酥麻。這時，我發現沒有白飯。

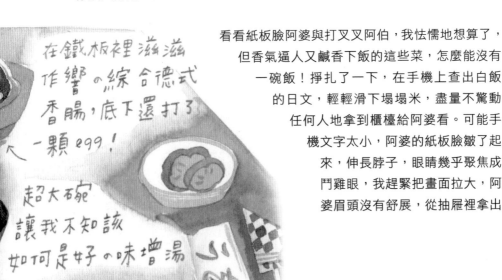

在鐵板裡滋滋作響の綜合德式香腸，底下還打了一顆 egg！

超大碗讓我不知該如何是好の味增湯

看看紙板臉阿婆與打叉叉阿伯，我怯懦地想算了，但香氣逼人又鹹香下飯的這些菜，怎麼能沒有一碗飯！掙扎了一下，在手機上查出白飯的日文，輕輕滑下塌塌米，盡量不驚動任何人地拿到櫃檯給阿婆看。可能手機文字太小，阿婆的紙板臉皺了起來，伸長脖子，眼睛幾乎聚焦成鬥雞眼，我趕緊把畫面拉大，阿婆眉頭沒有舒展，從抽屜裡拿出

老花眼鏡載起來，才對著我點點頭。呼……過關。一會兒熱呼呼的白飯就來了。阿婆的料理功夫真的很強棒，爽脆的奶油醬生菜、入口即化的炙燒生魚片、非常入味又軟爛的滷牛肉及脆皮彈牙讓我讚不絕口的鐵板香腸，每一道都是神廚級水準，我也佩服自己神精準的點菜功夫～

「可惡。」食物掃了一半之後我發現沒有湯，好想喝。看著阿婆一人在料理台忙進忙出，這時候我最不想做的事就是再次打擾她。但湯嘛，不用查手機，我知道味噌湯（みそ汁）怎麼說，阿婆應該不會覺得我很煩。再次滑下塌塌米來到櫃檯前，阿婆率先抬頭想知道我又要幹嘛？我用最誠懇的笑容對她說了「Misoshiru」後，再用最快的速度返回我的一人武林區。

不久，味噌湯來了，
來是來了，可是超大一碗。

大到我揉揉眼睛、匪夷所思，那是家庭號的碗公吧？我轉頭看看阿婆，依舊紙板一張，看不出她有故意捉弄的狡詐，然後再探探頭看隔壁桌阿伯武林區，桌上只有啤酒沒有湯，無從對照。拿起碗公，很重，想就口喝湯，很燙。我斜著眼偷看其他人，想知道有沒有人在偷笑，可是一切如常。

於是我又硬著頭皮，在手機上查了湯匙的日文，第四次滑下塌塌米找阿婆，阿婆看我拿著手機直接戴起眼鏡等我。看完手機後，不可思議的，她從料理台旁一個盒子裡拿出一支白色的、塑膠的、超小一支的布丁小湯匙遞給我。我接過這支舀鹽巴還差不多的小湯匙，不敢有任何異議、顫抖著回座位，坐定，心裡也決定，就算接下來吃到一隻蟑螂我也絕不再滑下塌塌米。

しゃぶしゃぶ是日文的涮涮鍋。

後來一查，在日本，喝湯是不太用湯匙的。比如味噌湯，請直接將碗舉到胸口，用筷子把湯料送進嘴巴裡。阿婆可能也不明白我為何需要一支湯匙，所以意思意思給我一支布丁匙。但我也不明白，那碗味噌湯如此巨大，究竟要怎麼舉到胸口？

\ 門前仲町 /

放鬆指數 ★★★★★
從讓人顫抖又緊繃的阿婆店回到小窩後，整個大放鬆！
這樣也算是成功放鬆吧。

因為太顫抖，我沒有任何記下店名的線索或照片，但這間居酒屋位在辰巳
新道，可以去找找看：

東京都江東區門前仲町 辰巳新道（たつみしんどう）
裡面有 30 幾間的居酒屋與餐飲店。
營業時間大部分是 17:00 過後，各店家不一

可參考辰巳新道的網站：
www.tatumisindou.jp/downtown/enjoy_oneself.html

富岡八幡宮
東京都江東區富岡 1-20-3
參拜時間 09:30-17:00

深川不動堂
東京都江東區富岡 1-17-13
參拜時間 08:00-18:00

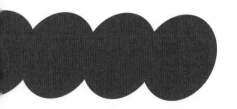

 東西線 ━━━━━ 門前仲町
大江戶線 ━━━━━

relax
6

- TOKYO -
迪士尼海洋

三隻煙燻火雞腿下
被消失的尖叫聲

因為天氣開始放晴，我浪漫的靈魂似乎又回來了。

經過幾天與雨的相處及磨難，不知所以的，我很想發洩一下。女人發洩，
不外乎血拼、撒錢或尖叫，撒錢我是沒辦法，但尖叫，可以。只是我不想
被遣返回國，所以在哪裡尖叫關係重大。

去過迪士尼幾次，但都是到可愛、溫馨、充滿親子樂趣的迪士尼 Land。因為心律不整，那些轉來轉去、飛上飛下、嚇死人的遊樂設施，我只能遠觀，打死也不敢褻玩焉，所以溫和的迪士尼陸地一直是唯一選擇。可是經過這幾天充滿奇異又壓抑的旅行，不知怎麼的，我竟然沒來由地充滿勇氣，決定征服以年輕人為主、創新刺激、嗨翻天的迪士尼 sea。

搭乘 JR 京葉線從舞濱站出來後，右轉是通往迪士尼陸地；左轉是前往迪士尼海洋要轉乘園內電車的入口。在這個命運交叉口，我遲疑了一下，腳步不自覺往右邊走去，但心一橫，屁股用力一扭，把雙腳甩回左邊方向。

「開玩笑，今天不叫不歸！」

我捏著自己的大腿，告訴它要勇敢，心臟麻痺也在所不惜。在園內電車上，我打開事前做的筆記，想著等一下要先去抽什麼通關券。速度一定要快，不是怕搶不到，是怕自己臨陣脫逃。

我自己對迪士尼海洋遊樂設施的刺激度評估：
· 刺激驚嚇第一名：忿怒雙神
· 刺激驚嚇第二名：驚魂古塔
· 刺激驚嚇第三名：地心探險之旅
· 刺激驚嚇第四名：印第安納瓊斯冒險旅程：水晶骷髏頭魔宮
· 其餘皆平和

快速通關券：
2022 年起東京迪士尼取消免費的快速通關券 Fast Pass ，改為需要付費的 DPA（迪士尼尊享卡），需要在東京迪士尼專用 APP 上購買和預約。過去的快速通關券，只能當作古董好好收藏起來了。

憤怒雙神就是飛來飛去像雲霄飛車的列車、驚魂古塔就是電梯會往下掉的自由落體，這兩個在我心目中其實沒有不同，都是能把我嚇死的那種。反正刀子已經架在脖子上，我決定一下車就先去憤怒雙神叫一下。

迪士尼海洋真的充滿活力。先不說到這園區的大部分都是年輕人，今天老天爺還送我海天一片藍的燦燦陽光，光是這一點，就讓我活力十足，就算只有一個人，我也可以嗨翻全場！

跟著心目中的計畫，我前後抽到了憤怒雙神與驚魂古塔的通關券，但驚魂古塔的入場時間卻比較早。好吧，只要能叫，誰先都一樣。但兩個抽到的時間都是下午，我先玩了幾個平和的設施、到處拍照散步後，決定先墊墊肚子再受死。樂園裡的食物都不便宜，想到等等要玩那麼恐怖的東西，為了不讓午餐才剛下肚就又出來，我只簡單買了一隻烤火雞腿吃吃。說簡單，那隻火雞腿也真不簡單，除了 SIZE 非常巨大外，煙燻過的肉質扎實 Q 彈，烤得香噴噴的真的好好吃。吃完一隻後，不知道是焦慮還是真的餓，我盤算著還有一點時間，又買了第二隻。吃完，擦擦嘴，站起來，雙眼堅定，像準備上戰場的勇士。

我準時在券上提示的時間抵

達古塔。站在古塔前，我仰望著，雖然肚子有點飽，但覺得自己氣勢高昂、好了不起。迪士尼的遊樂設施最有趣的地方就在於不只是玩設施，在正式進入遊戲前，會有一長串故事情境與場景塑造，讓你整個人身歷其境後完全融入遊戲設定裡面。

原本遊樂設施前的情境塑造是我最期待的部分，但進入古塔後，一步一步跟著考古學家走在故事情境裡，對我就像一步一步走向行刑台一樣煎熬。「我只想一進去立刻玩什麼都不要想啊！」我心裡已經開始叫著。好不容易經過漫長的通道，坐上古塔的電梯後，我覺得尖叫聲跟火雞腿都已經頂在喉嚨。我努力忍著告訴自己：等一下大家叫時再叫就好，不然很奇怪。可是越忍越想叫。

電梯緩緩上升，感覺無害，眼前古塔忽然出現一道窗，可以眺望整個園區景色，好美……但這一切如此平靜的風景我知道是暴風雨的前兆，我的喉嚨跟胃已經忍到極限，忽然，一個瞬間，電梯就像斷了線一樣往下掉！大家都叫了！

「！！！」我倒抽一口氣、瞪大眼睛，非常驚嚇，可是沒叫出來！

電梯頓了一下，「停了嗎？」大家左顧右盼，然後，又往下掉！！尖叫聲此起彼落，我整個胸腔像被相撲力士壓住般，恐怖到了極點可是怎麼樣也叫不出來。正在我調整呼吸覺得應該可以叫出來的時候，電梯停止，遊戲結束。

我百般不情願地解開安全帶，跟著人群往外走，心裡很納悶，推敲著尖叫聲是不是被火雞腿給堵住了？雖然沒叫，但雙腿發軟、心臟緊縮，自從國小畢業旅行玩過海盜船之後，就再也沒碰過那麼激烈的遊樂設施。摸了摸口袋裡另一張尖叫券，我渾身焦慮，快步走向烤火雞腿肉的攤子，點了第三隻，大口咬下，幫自己壓壓驚。

肉過三巡後，我恢復鎮定，那張憤怒雙神的通關券被緊緊捏在手裡……心一橫！我決定放棄。

帶著裝了三隻火雞腿肉的肚子，我開始玩一些不需要通關券、也不需要排隊的溫馨設施：緩慢的汽船、優雅的列車、可愛的小飛象與小晃小搖的海底淺水艇探險。自從決定放棄，心裡面的焦慮一哄而散，尖叫聲也不再困擾我，跟著藍海與藍天，我像行過光合作用，全身毛細孔都舒展開來，輕鬆得淋漓盡致。

看著其他年輕人一身迪士尼行頭，我也抓緊流行，來回在紀念品店跟爆米花攤之間妝點自己，把自己從頭到腳都掛得滿滿的。原來，放棄，比無所謂的堅持更暢快。只是經過烤火雞腿肉的攤子時，我真的再也不想吃第四隻了。

園區内有很多不同主題的
爆米花攤車,都好可愛

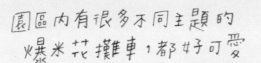

在迪士尼就是要
把自己打扮得
跟公主一樣,
請不要害羞!

在這裡還是有很多
溫馨的遊樂設施啦!

POPCORN

TOY

迪士尼
標配

爆米花
造型桶

到迪士尼樂園，帶一個爆米花桶絕對是最
重要的事。在樂園各處都會有爆米花攤
車，但每一座爆米花攤車都是獨一無二，
擁有自己的攤車主題與爆米花桶造型，
甚至有些攤車會推出限定爆米花口味，
是其他攤車買不到的驚喜款。你們説説，
怎麼可以那麼讓人期待又揪心！

而且這些爆米花桶除了經典款外，也會每年
推出新造型，蒐集各式各樣的爆米花桶變
成迪士尼控最得意的炫耀財。為什麼説炫
耀財呢？這些爆米花桶還真是不便宜，從
2,400～3,200 日幣不等。當然，你
也可以選擇一般紙盒裝的爆米花，
但……都來到迪士尼了嘛～

我買了達菲
造型的焦糖
爆米花桶

包包

除了爆米花攤車,在樂園裡還有另一種是專門販售迪士尼飾品與玩具的攤車。這種攤車也散落在樂園各處,隨時想幫自己妝點或買個紀念品都很方便。迪士尼海洋的飾品攤車裡,最受歡迎的就是限定款達菲側背包。這款包包小巧可愛,買一個掛在身上不占空間又很迪士尼,是爆米花桶之外的標準配備。

髮箍

另一個不能少的標配,就是米老鼠髮箍。很多女孩到迪士尼樂園的第一件事,不是搶快速券,而是先到飾品攤車挑一個最閃亮的髮箍戴上,才能開始一天行程。NO 髮箍 NO 迪士尼,可見髮箍對每個到迪士尼的女孩來說有多重要。不瞞你們,這兩個髮箍都是我的,一個是迪士尼陸地的標準米妮髮箍;另一個是迪士尼海洋的粉紅達菲髮箍。一戴上,覺得自己都年輕十歲啦!

Q.妳覺得哪個設施最好玩？

比起那些嚇死人的過度刺激設施，我比較喜歡「印第安納瓊斯冒險旅程」。它是一個坐在吉普車裡、鑽進隧道中冒險的旅程遊戲，雖然也是甩來甩去、激動快速，但整個刺激度還在我心臟可以承受的範圍。尤其最後在山洞口出現一顆超級大巨石往吉普車方向滾過來，那個驚喜感真的很好玩！推薦想要刺激一下但又不想捏爆心臟的朋友們一定要試試。

Q.迪士尼樂園沒有餐廳嗎？

有阿！而且還不少。
但每間餐廳都非常多人，尤其隨餐看秀的熱門餐廳，若沒有事先預訂，通常很難有位子。我在迪士尼海洋都靠小吃攤果腹，方便快速而且都很好吃。但在迪士尼陸地時，我有事先預定一間西部樂園的「鑽石馬蹄餐廳」，可以看胡迪警長唱歌跳舞，不但西部餐點很美味，整個秀場氣氛更是無比歡樂有趣，最棒的是會有迪士尼明星來桌邊跟你抱抱～但這間餐廳提供的餐點是固定樣式，以座位的位置來決定票價，就跟參加演唱會一樣，票價從 3,200 ～ 4,200 不等。

Q.迪士尼陸地及海洋，比較推薦哪一個？

哇……兩個都各有特色耶。
如果是第一次到迪士尼，我會推薦先到迪士尼陸地，陸地的風格就是印象中非常經典、童話、充滿想像的迪士尼城堡樂園，整體以氣氛感受為主，可以徜徉在完全迪士尼的場景與故事中。而海洋比較適合充滿精力的年輕人，它以設施體驗為主，充滿尖叫、元氣與四射活力，但整體來說，經典迪士尼的氛圍就沒那麼強烈。

\ 迪士尼海洋 /

放鬆指數 ★★★★★
終於放晴的這天，雖然沒有預期中的尖叫聲，
但還是淋漓暢快，心情非常好！

JR 京葉線至舞濱站，再轉迪士尼度假區園內線至海洋區
08:00 – 22:00　/　每月營運時間可能改變。

不想在假日人擠人，也可以經由入園人數預測來決定想入園的時間。
出發前可先查詢東京迪士尼人數預測：
http://www15.p1a1a.or.jp/gcap/disney

煙燻火雞腿
地中海港灣區 充電小站

爆米花桶與配件
整個海洋區各處都有不同主題的爆米花桶與配件裝飾小攤

JR 京葉線　　舞　濱　　迪士尼度假區園內線　　迪士尼海洋

TOKYO LIFE SPECIAL SECTION

［喝喝茶，吃甜點］

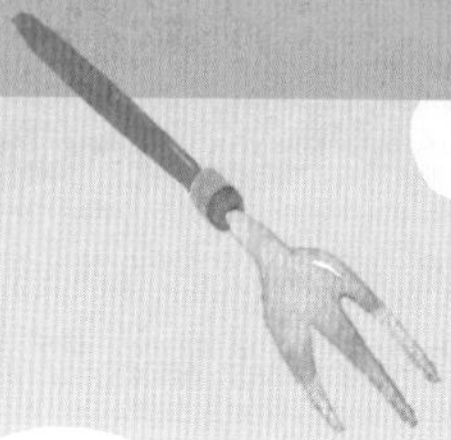

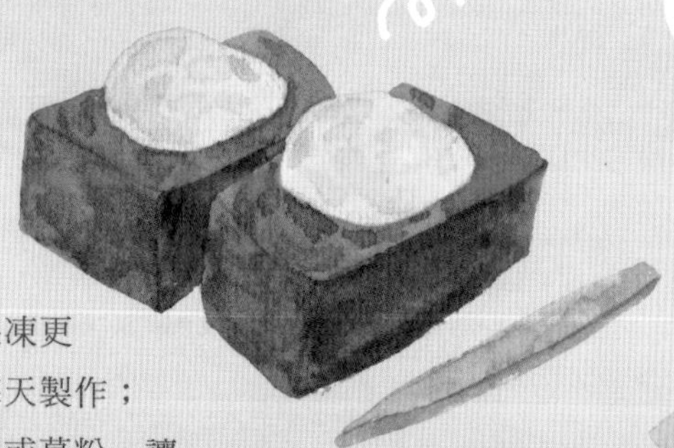

｛栗子蒸羊羹｝

我很喜歡吃羊羹，有點像果凍，又比果凍更有存在感。一般羊羹是用紅豆、糖與寒天製作；而蒸羊羹會減少寒天的比例，增加麵粉或葛粉，讓口感吃起來更軟糯。這種在蒸羊羹上面崁進一顆顆金黃色栗子寶石的款式，是我的最愛。通常它會是５～６顆寶石的份量一整條販售，購買後再依自己的喜好切塊享用。

｛夏日餡蜜｝

餡蜜（あんみつ）是一種日本夏天常見的傳統點心。餡，是指紅豆泥；蜜，是黑糖蜜。除了紅豆泥及黑糖蜜外，還會加上寒天、白玉或水果等。進化一些的，還會刨上薄薄一層冰雪，在夏天吃起來更清涼。雖然我這次到日本已經是冷冷的深秋，沒有吃到這夏季限定的點心，但過去幾次每到日本必吃的這種傳統美味，還是很想介紹給你們。如果你們是夏天造訪，一定要點一碗餡蜜嚐嚐。對了，通常搭配餡蜜的，都是一杯熱熱的焙茶。一冷一熱、一甜一苦澀，這種衝突卻又相得益彰的組合真是絕配。

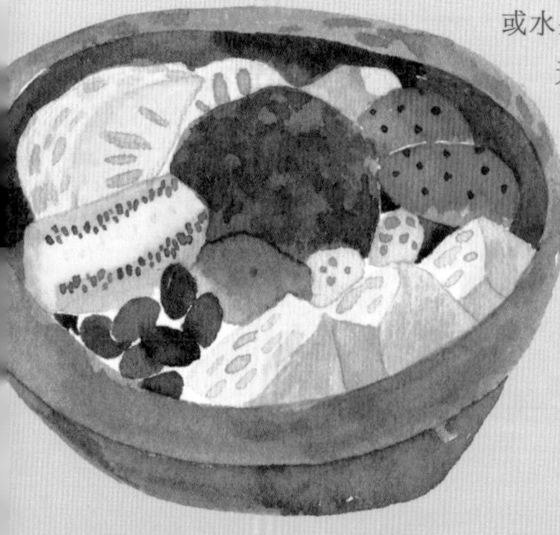

以前宮裡的女人特別愛吃甜食，不是因為御膳房製作的甜點特別好吃，而是因為甜蜜的滋味能讓人稍稍忘卻生活裡的苦澀。因為怕胖，我很少吃甜食，但到東京的頭幾天，為了平衡每日雨天裡的酸澀，我大概吃了平常一整年份量的甜食。東京的甜點店非常多，再加上百貨、超市及便利商店裡各種推出的獨家甜點，就算苦澀的日子一年有 385 天，也能天天變換新花樣。

｛芝麻巧克力饅頭｝

日本甜點中的饅頭，與我們心目中早餐吃的饅頭不一樣。「まんじゅう（饅頭）」，是指用小麥粉或米粉做成薄薄一層外皮，然後在裡面加入餡料後，蒸或煎熟的點心。這款外層巧克力、內層蛋糕體，再包裹流心芝麻餡的變種饅頭，如果御膳房能做出這種點心，嬪妃們大概能天天都開心。

｛抹茶白玉糰子湯佐鹽昆布｝

雖說是糰子湯，但其實就是熱抹茶裡面加白玉。白玉類似台灣湯圓，但口感更加軟 Q。抹茶白玉湯最有趣的地方，是會附上一小碟鹽昆布，用來綜合甜湯的濃膩。我看大家都是幾口白玉湯後，再用手指輕輕捏起一根鹽昆布放入口中嚼含。我突發奇想把一整碟鹽昆布直接倒進茶湯裡，攪拌攪拌後入口，竟然有著空前絕後的新世界！雖然這樣的混合可能嚇壞日本人，但我實在很想請大家一起試試看。

{日式布丁蛋糕}

日本人在甜點的鑽研上，非常講究，用什
麼麵粉、加什麼糖，都有各家堅持的獨門
秘方。雖然我沒有深入研究日式布丁的詳
細作法，但感覺上，他們特別強調頂層強而
帶苦味的焦糖，布丁本身的口感也非常綿密，
幾乎如膏狀奶油。這款賣相非常迷人的三層布丁蛋糕，
是我在便利商店發現的冬季限定品。綿密軟滑的布丁加上鬆糯
的咖啡口味長崎蛋糕，苦中帶甜、甜中帶苦，根本是我這幾天
深入骨子裡的最佳代言人。

{卡士達銅鑼燒}

哆啦 A 夢最愛的銅鑼燒，是日本
很具代表性的傳統點心。可是，
印象中可愛的圓圓銅鑼燒，在經過長時間流傳後，
為了滿足大家的新鮮感，也有許多變種的新奇樣
貌。我在阿美橫丁的菓子店找到這種身材苗條的瘦長型銅鑼燒，餅
皮一樣是鬆餅麵糊煎成，內餡有別傳統紅豆泥，改為年輕人喜歡的
卡士達醬。這種充滿流行感的銅鑼燒，拿在手上，整個人好像也充
滿表參道風，潮流了起來。

{ 糖粒栗子塔 }

秋天食栗，在日本是很普遍的季節飲食。這個季節，隨處都
能看見各式各樣的栗子食作，對很愛栗子味的我，真覺
得這個季節來對了。這個有尖尖高塔的栗子點心，底下
的酥脆塔皮類似提拉米蘇的餅乾體，特別的是，上方柔
軟的栗子泥中，竟然還能嘗到一顆顆粒粒分明的糖粒。
多層次的口感與味覺，讓清香的栗子更添加畫龍點睛的提味
效果，再搭配一杯黑咖啡，噢，這世界還有什麼值得計較？

{ 最中冰淇淋 }

「最中」是日本江戶時代皇宮內賞月時的
御用點心。將糯米碾成粉之後與水混合，
再小火烘烤成花樣絕美、薄薄脆脆的上下
餅殼，中間夾上紅豆餡是最正宗的做法。
拿掉紅豆餡，這個包進胡桃冰淇淋的最中
菓子，超級好吃。如果當時候皇宮內能吃到
這樣絕妙的滋味，應該沒有人有心看月亮了吧。

{ 落雁豆沙餅 }

「落雁」這個很雅致的名字，是以磨成
粉狀的米、栗或蕎麥，加入水飴糖漿
及砂糖後，用木製模型壓出各種形狀
的菓子。口感類似台灣的鳳眼糕，是
與茶非常契合的點心。有時落雁中會
夾進內餡，像是紅豆泥、栗子泥、抹茶泥等。一入
口就輕輕化開的輕柔，就如同落陽中一飛而逝的雁鳥，看
不見其形，卻留下若有似無的美麗身影。

- TOKYO -

淺草酉之市

快給我一段
華麗的喝采啦！

淺草是我在東京非常非常喜歡的地區。

比起新宿與澀谷的新潮，這裡「老東京」的氛圍更吸引我。雖然觀光客非
常多，在雷門與仲見世通一帶，總有一種還身在台灣的錯覺，但逛不完的
傳統藝品店、下町風情的特色土產與歷史悠久的寺院，還是總能把不知道

該去哪的我又召喚到這裡來。不過，今天的重頭戲不在這裡。這天雖然起了個大早，但硬是東摸西拖，忍到下午才出發淺草。因為我要參加一場一年一度、鮮少被觀光客知道的熱鬧傳統祭典——酉の市，心裡的興奮指數完全破表。

鷲神社 酉の市

酉の市也並不是只有淺草才有。日本各地的神社會在每年 11 月的酉日，例行舉辦祈求生意興隆與開運招福的祭典活動。而淺草的鷲神社是酉之市的發源地，每一年參加的人數與店家都是最多的，因此聲名遠播，概念就像是台灣大甲媽出巡，是一年中的大盛事。而祭典高潮會落在晚上的時間。

鷲神社在淺草站北方約 1.6 公里的地方，距離日比谷線的入谷站比較近。但為了慢慢感受這一年一度的祭典氛圍，我選擇從淺草雷門開始，穿過仲見世通及寺院區後，慢慢步行往北走去。時間算得剛剛好，差不多走到一半距離時，天色暗了下來，開始出現燈火璀璨的祭典攤屋。攤屋沿著已經封路的街道一路排列，越靠近鷲神社，人潮與攤屋越是擁擠。一路上，各式各樣的攤販吆喝著，喧鬧熱情，還沒走到神社，我手上已經掛滿許多沒能克制住慾望而下手的東西，有熱呼呼剛烤起來的銀杏果、有一邊叫賣一邊越加越多料的傳統七味粉，還有很多日式小吃跟童玩。

「好了，快住手！」我跟自己說，因為等等還有一樣我絕對、必須、籌謀許久要購入的東西，得保留戰力。接近鷲神社時，人潮已經不是擁擠可以

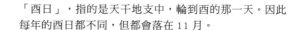

「酉日」，指的是天干地支中，輪到酉的那一天。因此每年的酉日都不同，但都會落在 11 月。

形容，人群就像被驚動蟻巢的蟻兵般萬頭鑽動。在神社周邊掛滿好幾層樓高的長型燈籠，把夜色嗆得如白晝光明。除了參加祭典人群的喧嘩，各處也一陣一陣傳出暴動的驚呼與喝采，耳邊聲音如煙花四射，來不及聽這、聽那。酉の市的盛況，完全把我震攝住。

最讓人大開眼界的，是真正進入鷲神社領域後，兩邊高聳夾道、上百攤的熊手攤位。對，熊手，這就是我保留戰力，立誓一定要帶一把回去的祭典吉祥物。

「熊手」是酉の市祭典的名物，形狀有點像是一支大大的熊掌，它是從竹耙演變而來，原本是掃除枯草、收集作物的農用工具，後來被賦予可以耙進好運與金運的吉祥物。為了讓這個吉祥物更具意義也更吸睛，每個熊手店家都卯足全勁，把金幣、金魚、象徵幸福的花葉與各種各樣喜氣的華麗品都堆疊上竹耙，貌不驚人死不休，一支比一支奢華璀璨。熊手的尺寸大相逕庭，有手掌大小的迷你品，也有直徑長達一公尺多的巨大熊手，當然價格也很可觀。

在這裡，各地商家與企業主都會來挑選迎接一年好運的熊手，店開得越大或事業做得越大，熊手就要挑得越大。而去年購入的熊手在這時候也要帶

回神社，讓神社人員處理火化，象徵把過去不好的運通通丟掉。不過，每一年挑選的熊手最好要比往年更大、更華麗，才能蒸蒸日上。

最新奇的是，購買熊手之後——根據我的觀察，這熊手必須夠大——熊手攤位的每位員工會放下手邊的事情，全力為你進行一段鏗鏘有力的喝采歡呼。喝采的內容我聽不懂，但節奏分明、氣勢磅礡，聲音一攤一攤此起彼落，聽得人暈頭轉向，不自覺就把最大（也最昂貴）的那隻熊手帶回家。這簡直是全場榮耀！因為喝采過後，所有的路人都會繼續為你拍手叫好並投以羨慕忌妒的目光，熊手主人在這樣的目光下神采奕奕、扛著熊手得意離去。

這景象太迷人了！我沒有開店，但也算是商家，帶一支華麗喜氣的熊手——尤其我還飄洋過海、不辭千里來帶它，誠意十足——再接受一場喝采，我的好運肯定勢如破竹。但這裡是選擇障礙症者的大罩門，眼前每個熊手都讓人紙醉金迷，有雅致小巧的，也有浮誇奢華的；有紅橙黃綠的，也有藍靛紫金的。我在每個攤位前流連忘返，完全不知道怎麼下手。

隨著夜色濃黑，人潮與燈火更加誇張，在如迷宮般、小小的夾道裡穿梭來回的我，已經快被壓成乾，我決定從「放得進行李箱」這個關鍵盡快著手購買計畫。每隻熊手不只有「耙」的本體，為了讓熊手被撐起來，本體下方還會綁一支竹竿，所以整個體積都必須計算在內。我在一間阿婆的店——我真的好喜歡找阿婆的店——找到計算中的大小，可是，依這個大小與……眼前的阿婆……，會有人幫我喝采嗎？我拿起一支長寬尺寸約 A4 大小的華麗版小熊手，並交出好幾張千元鈔，有點期待又怕受傷害的看著阿婆。阿婆開心地看看我，嘴巴張了開來，我撐大眼睛、雙手緊握胸前等待著！

「ありがとうございます（非常感謝）」阿婆說。

沒有喝采。　NO ～～～

這是我的熊手，
雖然小小的，
但依然喜氣華麗，
期待有一天能帶它回去換一支大熊手，
也換一場華麗的喝采

笑的時候，大聲的笑；
嚇的時候，放膽的叫；
氣的時候，用力憤怒；
衝的時候，奮力向前跑。

這個夜晚，在酉の市祭典裡，我看見人們眼裡的期待與希望，看見夜色燈
火的幸福與期盼。日子有高有低、有好有壞，每個地方，總會有一處充滿
為你放聲的喝采。

這是一個淋漓盡致的感動夜晚。

＼淺草酉之市／

放鬆指數 ★★★★
雖然阿婆沒有給我一個華麗的喝采，
但聽著此起彼落的喝采聲，覺得人生非常振奮有元氣啊！

東京都台東區千束 3-18-7　淺草鷲神社
每年 11 月酉日 00:00 - 24:00

每一年酉日的日期都不同，出發前可至官網查詢：
www.otorisama.or.jp

祭典攤販
各攤販營業時間不同，但規模很大，
建議可以從淺草往北步行，一路上有逛不完的祭典攤位。

鷲神社熊手攤位
雖然熊手攤位一整天都會在，
但入夜之後伴隨燈火，更加壯觀有氣氛。

 日比谷線 ━━━━━━ 入　谷
淺草線 ━━━━━━
銀座線 ━━━━━━ 淺　草

- TOKYO -

屋形船夜遊

無語問蒼天的
異國網友見面初體驗

這一天的事情,我實在有點不想說。

事情回溯到出發東京前兩個星期,因為安排行程上有疑問,我找了一位偶
爾在通訊軟體上會彼此打招呼的日本朋友詢問,他聽說我要到東京小住一
段時間,便說務必要請我吃飯。說起來,我是一個懼怕跟不熟的人一起吃

飯的孤僻人，那天不知道中了什麼邪我竟然一口答應，而且完全沒考慮我們兩個根本語言不通而且沒見過面。

那到底為什麼會有這個網友呢？事情再回溯到大約 10 年前，我寫了一本關於台中旅遊的書，他那時候剛好到台灣遊玩，在書店看到書、從書上看到粉絲團、再到粉絲團跟我打了招呼；兩人淵源，僅此而已。因為這淺薄的交集，跟他約定的日期快到的前幾天開始，我陷入龐大的焦慮與後悔。一直到約定當天，我都真心懇求忽然狂風暴雨打亂行程。

因為當時說了吃飯的安排都交給他，出發前我才知道他訂了屋形船夜遊。屋形船是很有歷史淵源的和式船，我一直很想體驗。它是過去只有皇室貴族宴客、出遊才能搭乘的交通工具，航行在夜間川面上，佐著兩岸的點點燈火，一邊欣賞夜景、一邊享受美食美酒，是日本人櫻花祭、花火節或年終聚會時最有魅力的選擇。在東京，這樣的遊程船家有 3 ～ 4 間，每一間提供的船型與餐點都不同，各有特色。

這天風平浪靜，沒有期望中的暴風雨。雖然心裡仍是百般不願意，但因為期待著屋形船，傍晚時刻，我依約準時出發。他預定的屋形船遠在新木場站，要轉兩次車，再搭接駁車才到達。一路上我一直想著他是個什麼樣的人？等等第一句話要說什麼？吃飯期間要聊什麼話題？聽說遊程整整 2.5 個小時，萬一沒話說怎麼辦？

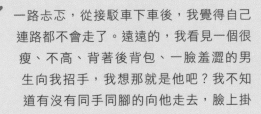

一路忐忑，從接駁車下車後，我覺得自己連路都不會走了。遠遠的，我看見一個很瘦、不高、背著後背包、一臉羞澀的男生向我招手，我想那就是他吧？我不知道有沒有同手同腳的向他走去，臉上掛

著練習過的笑容，還沒開口，他就說了：「妳好！」，我也禮貌性的回應：「は
じめまして！」然後再也擠不出第三句話，兩人便一前一後，辦妥手續（聽
起來很怪），跟著商家上了（賊）船。

我們乘坐的是江戶前汽船，船身跟地板都是木頭搭造，充滿歲月痕跡。船
艙兩側掛了一整排燈籠，艙內是需要脫鞋盤坐的塌塌米，深木頭色的桌子
靠著兩邊窗戶擺放，我們被安排到右手邊兩人座的小餐桌。江戶前汽船最
具特色的就是文字燒吃到飽，所以每張餐桌桌面都崁進了燒烤用的鐵盤，
這跟台灣人多會參加的另一間日式料理屋形船，有很大的不同，這一點讓
我非常興奮。但入座後看著眼前這位陌生、充滿羞澀又不說話的男子，我
的興奮又瞬凍起來。

他是地主又主動約我，為什麼不講話？
怎麼辦？

現在要先說什麼才好？
問他住在哪裡會不禮貌嗎？

我心裡百轉千迴，為了硬笑而笑，兩邊臉頰已經僵硬得開始
抖起來，在即將抽搐之前，我趕緊低頭假裝認真看菜單，順勢揉
揉臉頰。可是菜單沒能看很久，因為船家提供的文字燒一共就九種，
一目瞭然。

我用英文問他住在附近嗎？他搖搖頭，靦腆地笑了笑。我問他曾不曾來坐
過屋形船？他搖搖頭，靦腆地笑了笑。我問他想吃哪一道？他指著海鮮什
錦，靦腆地笑了笑。我又問他有沒有想喝什麼飲料？他指著可樂，一樣，
也是靦腆地笑了笑……心好累……我有嚴重的錯覺，以為自己才是地主。

就在語盡詞窮的時候，天可憐見，其中一位服務員發現了我是台灣人，竟
主動用中文與我聊天，問我從哪裡來？問我有沒有坐過屋形船？問我想吃
哪一道？問我想喝什麼飲料……此時此刻、此情此景，我感激涕零地差點
流下淚來。

船程共 2.5 小時，沿著東京灣岸往台場駛去。入夜後的市景燈火，映照在
川面上，像閃爍的星光，伴隨著沉默、沉默與沉默，閃得我如夢中人，不
知今夕是何夕。一路上我們一共點了三道文字燒，除了最後一道甜口味的
冰淇淋文字燒讓我稍稍振作，其他究竟是什麼滋味我已經無法分辨。因為
眼前這位無敵靦腆又羞澀至極的男子，讓我只想衝破窗戶跳下川去，然後
安裝螺旋槳、快速的往上野疾駛回去。

至今我還是不明白，那位害羞得不像話的男孩到底為什麼要找我吃飯？那
晚的每一分、每一刻都尷尬到不行，好幾次，我手上的文字燒都沒能正確
從嘴巴進入，全送偏到嘴角。我的屋型船初體驗跟另外兩道文字燒一樣，
有一種說也說不出來的滋味。

＼ 江戶前汽船 ／

放鬆指數 ★
屋形船的文字燒很好玩也很好吃，
可是，我再也再也不要跟陌生人一起坐船吃飯了！

東京都江東區新木場 2-6-3
12:00 - 20:00　/　休日：元旦

出發前可至官網查詢並事先預訂：
www.edomaekisen.com

台場東京灣路線
航程 2 小時 / 2.5 小時

晴空塔隅田川路線
航程 2.5 小時

 JR 京葉線 ━━━━━━━━━━━ ┌─────┐
有樂町線 ━━━━━━━━━━━ │ 新木場 │
　　　　　　　　　　　　　└─────┘

relax
9

- TOKYO -

月島文字燒

夜裡
女子的怒吃文字燒

因為那難以言喻的網友見面之屋形船初體驗，讓我沒辦法好好品嘗文字燒，
回來後一連幾天，腦袋盤踞著揮之不去的文字燒影像，這天，那影像畫面
來到最高解析度，我決定好好怒吃文字燒。要再去坐一次屋形船？不，已
經有陰影；但盡情享受文字燒，這倒是沒問題。

比起大家熟悉的關西地區大阪燒，關東代表文字燒好像比較沒那麼耳熟能詳。文字燒又稱月島燒，日文是「もんじゃ燒き」（monjayaki），有一種說法，因為文字燒的麵糊可以在鐵板上煎出想要的各種形狀或文字，所以才稱文字燒。

想要在東京吃好吃的文字燒，與之齊名的月島絕對是第一首選。「月島」不是一間店，而是一個地區名稱，一個被水包圍起來的填海造地島區。這個濱海島區，有種「水」的安逸氛圍，從地鐵站出來，就能看到入海口美麗的城市水景。劃過水面的船隻、飛過晴空的鳥兒、灑落身心的陽光，還有街道兩旁黃燦燦的銀杏樹，幕幕傳遞遠離塵囂的靜謐。沐浴在這樣的景致裡，比起那天夜裡川面上搖晃的屋形船，我好像從惡夢回到人間天堂。

如果時間足夠，可以悠閒地在月島車站周邊緩緩漫步。但如若我這般飢渴文字燒，請直接從月島站七號出口出來，就能抵達西仲通り商店街。

西仲通街是東京地區有名的文字燒戰區，整個商店街分成一番街、二番街、三番街、四番街四條主要幹道，裡面多達 70 幾間文字燒店，除了文字燒店家外，也夾雜幾間很有味道的菓子、咖啡、雜貨、生活用品店。但我沒有心情逛街，穿梭在這麼多店家裡，因為沒有事先做功課，我實在不知道該選哪一間？隨著用餐時間逼近，有幾間店外，已經出現排隊等位的人潮，想必那些一定是好吃的名店。可是在香氣繚繞下，我實在不想排隊，而且，能在這文字燒一級戰區存活下來的店家，能難吃到哪裡去？所以我挑了一間人雖不少但至少還有空位的小店光臨。

一進門，店家便肺活量十足的呼喊歡迎，看我一個人，他們幫我安排在一個很有安全感的靠牆位置。身後的牆上貼了一張大大的海報，上面寫這間店 since1871，明治四年就創立。坐在海報下方，我似乎也與有榮焉。菜單內容很豐富，有冷菜、飯糰、炒麵、炒飯、鐵板料理等，如果專攻文字

燒，只要直接鎖定「もんじゃ」這一部分，然後挑個口味就可以。之前看過許多部落客介紹一定要試試明太子もち（明太子麻糬），可是看見這間店家特別註明使用的海鮮皆從築地直送，我便忍不住點了綜合海鮮口味，並外加一個豬肉高麗菜炒麵。

文字燒與深川飯、江戶前壽司這些傳統料理並列齊名，是東京下町不能錯過的美食。過去在二次大戰時期，因為糧食缺乏，婦女們會把麵粉和水後拿去煎成薄片，沾上醬汁捲起來給孩子們當點心吃。後來隨著物資慢慢餘裕，和在麵粉糊裡面的食材越來越多，慢慢演變成今天的文字燒。

文字燒送上時，果然是一個裝滿料的餘裕大碗公，非常豪邁。我看看其他桌的客人都是自己動手料理，所以依樣學樣，拿起碗公準備一股腦往鐵板倒。說時遲、那時快，幾塊海鮮才剛從碗頂落下、還沒抵達鐵盤前，一個男店員像搶救雷恩大兵一樣一個箭步撲上前，從我手上把碗公一把捧去（有沒有轉一個身我記不清），我吃驚地看看他，那位店員訓練有素，在萬分之一秒內恢復泰然自若，然後恭敬地點了點頭，示意他來就好。

他先將碗公裡的食材撈起，放入鐵板，像炒菜一樣，一邊翻炒一邊把食材切成小塊。等食材熟得差不多時，用鏟子把食材往四周挪動，繞成一堵圈圈高牆，接著將剛才還留在碗公裡的麵粉水倒進圈圈裡。待麵粉水開始出現焦香味後，就與四周食材混合翻炒均勻，並在鐵板上撥成大大、薄薄的一片。接下來慢慢地等水分收乾、四周出現金黃焦香時就能享用。

喔，原來那麼有學問，難怪剛才店員要這樣滑壘搶救。文字燒的吃法與大阪燒也不同，不用盛裝到碗盤，直接用店家提供的小鏟子，從鐵板上鏟起來吃就可以。經過店員加持的文字燒，果然不同凡響，上面保持粉漿與食材的濕潤黏稠，下層卻像鍋巴一樣焦香酥脆。雖然桌邊有提供醬油、海苔粉、美乃滋等調味料，但我覺得什麼都不用加，味道就十分夠味，難怪文

1. 先把料撈起，
在鐵板上炒一炒

2. 將料撥出一中空
圓圈，倒入粉漿水.

3. 全部混合，拌炒
均勻至金黃微焦

4. 從邊邊焦香處用
小鏟子挖來享用！

字燒也是一道日本人愛好的下酒菜。不知道其他人怎麼想，但我個人覺得
一份文字燒的份量其實很還好，對食慾極佳而且決心怒吃的我來說，幸好
還加點了豬肉高麗菜炒麵。把鐵板上的食物清空後，我拿起豬肉炒麵準備
往鐵板倒時，在半空中停了一下，看看還有沒有店員要飛撲過來，一切安
好如常，想來這道炒麵應該不需要高超技巧。我很瀟灑的把整盤食材往鐵
板傾倒，再瀟灑地翻炒，最後瀟灑地大口大口吃掉。

もんじゃ的もんじゃ燒，果然沒讓人失望，超～美～味。

Q. 大阪燒？文字燒？廣島燒？有什麼不一樣？

大阪燒：關西地區的代表，也是外國人比較熟悉的料理。它可以豪邁地把碗
　　　　公內的所有食材與粉漿一起倒進鐵板中煎烤。煎的時候會塑型成圓
　　　　圓的餅狀，最重要的是不能用鏟子壓實，一定要保持整個圓餅的蓬
　　　　鬆，才能製作出最好吃的大阪燒。

文字燒：關東地區代表。相較於大阪燒豪邁的作法，文字燒的程序就比較多
　　　　步驟。且最後是煎成薄薄一片、有點焦香又有點黏稠的口感。最有
　　　　特色的地方就是使用小鏟子，直接從鐵板上鏟起來吃，很有趣。

廣島燒：廣島燒就是層層疊疊、超豪華版的大阪燒，大部分會再加上炒麵。
　　　　做法是，先煎一個圓型薄餅，把青菜、肉片或其他食材放到薄餅上，
　　　　以高超的技術把整個食材山 180 度翻面煎烤。同時間，旁邊會做一
　　　　份炒麵，等食材山熟了，便將整座山移到炒麵上。再煎一顆蛋，炒
　　　　麵食材山再次移到蛋上、翻面。最後豪邁淋上醬汁與大把青蔥，就
　　　　是像山一樣的廣島燒了。

Q. 一個人去也可以嗎？

沒問題的，我就是一個人。只是，我會
選擇不是排隊的名店，這樣吃起來比較
沒有需要翻桌的壓力，也比較自在。

\ 月島 /

放鬆指數 ★★★★
一個人到文字燒店還是有點緊張，
但月島文字燒果然名不虛傳，很值得為這個美味冒險一下。

東京都中央區月島月島西仲通商店街 一～四番街 / 月島站七號出口
每個店家營業時間不大相同，出發前可先查詢確認。

もん吉
11:00-22:00
休日：年中無休

還有幾間非常受歡迎的店家，也推薦給你們：

もんじゃ 藏
11:00-21:00
休日：年中無休

月島もんじゃ もへじ 本店
平日 10:45-23:00 / 假日 10:30-23:00
休日：年中無休

　有樂町線
　　大江戶線 ────── 月 島

relax
10

- TOKYO -

明治神宮

白無垢下的
幸福神情

大家到東京，明治神宮大概是行程裡面的絕對標配。

它代表東京，東京的一部分也代表著它，於我，這裡也是東京行程的標準
配備。但我愛這裡，不是因為它是必去的熱門景點，而是在這裡，我總能
得到最深層的煩惱掏空與塵污洗淨。

來到東京已經過了一半的日天天充實。今天一早睜開眼睛，子，沒有特別忙碌但也算整個人懶洋洋的，床邊的大窗透著一片無雲、透亮的淡藍，是一個好天氣。原本沒有任何計畫，在為自己泡杯濃茶時，我想起幾年前到明治神宮時，在參道邊的大樹下，一個賣番茶的茶攤。

當時候在茶攤買的炭焙番茶，回台灣後陪了我很長一段時間，茶的苦澀總能讓我想起明治神宮的氣味與情景。手上這杯濃茶很香，卻少了一點回憶，看著窗外好天氣，我起身到明治神宮，尋找茶香。

從上野到明治神宮，坐 JR 山手線最方便，可由御徒町站搭乘直達原宿站。原宿的竹下通是年輕人的天堂，非常熱鬧繁華，但很神奇的，從原宿街頭過一個馬路，轉進明治神宮的第一個鳥居後，所有的喧囂像瞬間被靜音一樣，在踏上南參道的第一步起，全都消失無蹤。

在這裡，我最喜歡的地方，不是宏偉的正殿，而是從第一個鳥居開始走起的參道。這條長長的參道延伸在兩旁高聳的林蔭下，由滿滿的小碎石子鋪成。走在上面，鞋子與碎石磨擦出「沙沙」、「沙沙」的聲響，沒有人喧鬧，大家都低語前行。穿過鳥居，意味著進入神的領域，參道上碎石的鋪成，也意在淨化進入這個領域的身心。當走過第二個鳥居——也就是最大的大鳥居——轉進正參道後，彷彿被森林包圍起來的這個區域，被稱作「鎮

大鳥居非常巨大，高約 13 公尺，兩柱間距有 9 公尺，柱徑最寬處約 1.2 公尺，是日本最大的木製鳥居。而且這座鳥居的木頭來自台灣喔。

守之森」，據說在這裡可以獲得生命力和治癒力的最大能量。是不是真的有強大的能量我不曉得，但在碎石子路上，我會刻意緩慢行走，一步一步，定定的、紮實的往下踩去。蓬鬆厚實的碎石子，在我走過時留下淺淺的痕跡。

我是我、但我也不是我，在這偌大的世界，我只是一沙一石，儘管如此，這個世界，依舊留下我曾經存在過的印記。腳底下的沙沙聲往上飄移，隨著風，竄上兩邊高入天際的樹梢葉尖，又迴旋至耳邊。風，輕輕的拂面而來，穿過身體，也一併帶走早該傾倒的一身塵埃。

在這裡，我的思緒層層疊疊，好像重整中的資料庫，洩出壞的、也翻出好的；心情一下混濁、也一下通透。直到通過大鳥居，進入本殿後，頭頂上的濃密林蔭被撥了開來，柳暗花明。一顆心，也像被掏洗過，輕輕的，好自在。

或許正是神領域的強大磁場，掰開封塵很久的心緒，真的有一種重新獲得生命力的治癒感。

在本殿前，左右兩邊各有一棵大樹，開枝的樹型被修剪得圓圓的，像兩頂巨大的圓帽子。走近一看，我以為的一棵大樹，其實又分別由兩棵組合而成，彼此相依、緊緊而立。這就是高齡一百多歲的夫婦楠。許多情人會穿越兩棵楠樹前往正殿參拜，藉此獲得喜結良緣的磁場祝福。或許是因為夫婦楠的遠近馳名，很多日式傳統婚禮都會在這裡舉行，這天也是，有兩對夫妻正在舉行神社婚禮儀式。與上次來時一樣，看見這樣的傳統婚禮總把我吸引得目不轉睛。神社婚禮最大的不同，除了氣氛特別嚴謹莊重外，新娘的造型是最大亮點。

新娘身上穿的不是婚紗，而是和服中最高等級的禮裝——白無垢（しろむく）。白無垢是從日本室町時代末期開始，各種典禮及儀式上穿著的和服，看似純白，但其實禮服上還繡了非常別緻的仙鶴、鳳凰、花朵圖樣。因為潔白無瑕，象徵新娘將丟棄過去所有不好的事物，全新的進入夫家與新生活。新娘頭上會帶著一個看似唐突，但同樣極富意義、稱為「角隱」的白色頭飾。通常穿上白無垢後，新娘的髮型都會梳妝成傳統的日本髮，在日本髮上的角隱，有著要隱藏、掩飾掉新娘性格中的稜角與脾氣，到了夫家要圓潤、順從之意。

婚禮舉行中，會有神職人員與大批的婚禮員工引領新人及家眷完成所有程序及儀式。從走位、站姿到衣服角度、手擺放的位置全都有一定的規則，完全不能馬虎。在一旁全程觀看的我，都不自覺捏了一把冷汗，更別說是身上穿著厚重如棉襖的白無垢新娘了。

夫婦楠的造型，
就像是兩頂巨大的帽子。

隨著時代，
白無垢也活潑起來，
配上喜氣的紅色，
拍照起來更加明亮

白無垢與角隱的意涵，在新女性眼裡，完全是大男人主義的思維。但以「象徵精神」的角度來看，一個充滿意義又莊嚴的婚禮，就像是正襟危坐、將眼前一件重要的人生事項仔細、慎重地勾勒完成。在勾勒過程中，男方、女方會因為每個細節的嚴謹，而理解到在未來人生的道路上，縱使風雨，也應該握緊對方雙手，完全不得馬虎地向前走。

結果這天沒有見到
念想中的番茶攤

幾年前與我一起到明治神宮的人，已經不在。雖然當時我們也一起觀看了一場白無垢與角隱下的幸福神情，卻已經走在不同的人生道路上。幾年後的今天，沒有他、也找不著茶攤，但卻再次欣賞到這神社裡的白色幸福，有一些想念、也有一點感慨。不過，心情跟今天的天空一樣，沒有一絲牽掛的雲朵，清透、漂亮。

Q. 在日本神社，參拜的流程是怎麼樣呢？

到日本寺廟或神社參拜，請先在殿外的手水舍完成淨手。手水舍就是我們常看到放了木勺子的水槽。

淨手方式：

1. 右手拿竹勺舀一瓢水，先洗淨左手。
2. 換左手舀一瓢水，洗淨右手。
3. 右手拿勺子盛水，將水倒在左手掌心，就口漱口。千萬不可以把勺子當水杯直接碰觸嘴巴。
4. 水吐在旁邊的凹槽。
5. 右手將木勺直立，讓剩餘的水從上流下來，清洗勺柄，放回水槽邊。

參拜方式：

1. 往錢箱投擲錢幣。日幣 5 圓有結緣的意思，也可依心意隨意金額。
2. 輕輕拉動那有粗壯繩子的大搖鈴。
3. 鞠躬兩次。
4. 用力拍手兩下。
5. 說說自己的心願與希望。
6. 最後再鞠躬一次表達感謝，完成。

\ 明治神宮 /

放鬆指數 ★★★
原本應該很放鬆的明治神宮，
因為勾起了過去一大串回憶，有一些幽幽的鬱悶。

東京都澀谷區代々木神園町 1-1
夏日約 05:00 - 18:30　/　冬日約 06:00 - 16:00

明治神宮每個月的開園時間都會隨季節調整，
出發前可至官網查詢：
www.meijijingu.or.jp

※ 明治神宮除了本殿外，其他值得一看的景點，可以參考一下：

1. 大鳥居

2. 參道旁巨大酒桶牆

3. 神宮前的夫婦楠

4. 象徵長壽的龜石

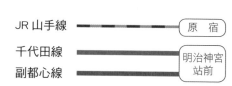

JR 山手線		原　宿
千代田線		明治神宮站前
副都心線		

- TOKYO -

柴又

咖啡金黃的昭和小鎮裡
野餐行動重啓中

雖然到鬧哄哄的東京大城市來尋找放鬆樂趣是我畢生心願,但經過那麼多
天的萬頭攢動與車水馬龍,還是不免有點煩躁,忽然很想往郊區一點的地
方安靜安靜。尤其老天爺結束我的苦行,給了我用不完的燦陽晴天,「郊
遊」這兩個字,一直一直敲擊我的腦袋。

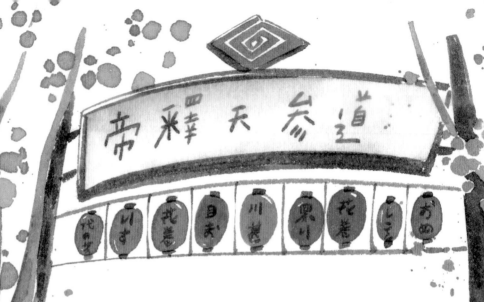

所以我把那從銀杏祭開始就被塞進床底下、不見天日已久的大帽沿遮陽草帽重新取出，整整形狀、拍拍灰塵，再把野餐墊放進包包裡，穿上為了祭典野餐而準備的花洋裝，出發銀杏祭！

……

沒有啦，銀杏祭早就結束了，而且我也不想再去吃那驚人的香腸，我今天要去距離東京大概半個小時車程的近郊──柴又。

柴又，光名字就很有老風情、古樸味，正好平衡一下這幾日在市區被潮流轟炸的疲勞。它位在東京東北方的葛飾區，且就在江戶川河畔，正好與我心目中的「郊遊」藍圖非常吻合。從京成上野到柴又要轉兩次地鐵，一路上行經的景色，越轉越簡單、越轉越清爽。尤其轉搭金町線之後，車廂裡的遊客明顯少去一大半，留下的都是當地學生與買菜的阿桑們。帶著草帽與花洋裝的龐德女郎我，越坐越興奮，卻也越來越突兀。

抵達柴又車站後，我後悔今天的治裝了。柴又車站非常簡樸，灰黑、黃棕、咖啡的色調，把這裡懷舊的色彩調和得恰恰好，「柴又**駅**」三個字還是用毛筆字樣大大的寫在白底黑框的方格裡，超復古。看著身邊往來的遊客跟路人都像是事先講好一樣，穿著「很

柴又」的相同色系服裝，我忽然任性的生氣起來，為什麼沒有人約我一起？哪裡有公告嗎？然後默默的把那大帽沿遮陽草帽再一次收起來。

柴又最知名的除了這裡濃厚懷舊的時光味道外，再來就是一定要朝聖擁有 400 年歷史的「帝釋天題經寺」及寺廟前的商店街——「帝釋天參道」。從車站轉進天參道商店街時，我心心念念想找一間跟這裡一樣古老的天丼老店——大和家，想先吃了再上。探頭探腦尋找時，忽然一陣「便便！」、「便便！」的吆喝聲驚動大家，什麼！我抓緊裙角、查看腳下，驚恐的害怕踩到什麼便。狐疑之時，一陣閃光從旁射來，我半睜著眼，看見一大坨、一大坨金黃色的大便在商店街口閃閃發亮。

是一間專售「便便」的商店啊。這些便便不簡單，坨坨價值不斐。金色便便（金うんこ）如同「金運」，所以日本人將它視為幸運好物。至於為什麼要在柴又販售這樣的黃金好物，或許跟車站前方那座寅次郎男人的銅像有關，寅次郎的左腳又稱黃金左腳，據說能帶來好運，也是被大家摸到金黃發亮。黃金便便的老闆娘，一見我是外國遊客——可惡想必是這身花洋裝——立即開朗地招呼我過去，務必把她家便便好好摸一把。說實在，我真的只想找到傳說中的好吃天丼，可是老闆娘盛情難卻，我只好過去意思意思摸一摸，摸完，老闆娘超級

被大家摸到褪色的
金黃大便。

歡樂的邊說「好運」、「好運」，邊用雙手作勢把好運推給我。好有趣喔，我還是想說聲謝謝就快走。沒想到老闆娘又要我繼續摸下一坨，摸完一坨又一坨，就這樣，數不清摸了多少便便、收了多少好運，我才暈頭轉向的被放走──我想其實老闆娘還是希望我買走一坨乏人問津的便便。真不好意思收了那麼多她推來的好運，結果還是空手離開。

柴又商店街的懷舊氛圍貫徹始終，從販售艾草糰子到烤仙貝的店家、從知名鰻魚店到我心心念念的天丼老店，都一樣古樸又咖啡金黃色。因為花了不少時間在摸便便，找到天丼店時，都快過了用餐時間。這間大和家天丼飯，沒有華麗裝潢，就像是我們台灣廟口的魯肉飯老店，木質陳舊的桌椅、油黃色的燈光，由一家人經營著，然後也是咖啡金黃。這裡提供的品項很簡單，只有天丼、天婦羅與關東煮，因為耗了一些時間，我只簡單點了一份天丼。跟著天丼一起送上來的是一小碟醬菜與一壺熱茶，丼飯很精簡，上面只有兩樣裹了粉漿去炸的食材，一個是炸蝦、一個是……對不起我吃不出來。兩樣食材在炸過之後都經過醬汁浸泡，米飯也沾滿鹹香的醬色，就與一整個柴又相同，滿滿的咖啡金黃色。但這咖啡金黃不負期待的既美味又口齒留香。

用過餐後，終於可以正式執行郊遊計畫。我在商店街買了一些土產與點心準備野餐享用。穿過帝釋天題經寺旁邊的小巷弄，就能走到倚著江戶川的柴又公園。柴又公園非常寬廣，因為在川邊，視線所及的景象一望無際、沒有任何遮蔽。我眼球快速轉動、上下左右尋找可以讓野餐墊派上用場的地點，可是倚著川水又廣闊的公園，風有點大，重點是，那看起來可以野餐的草地，因為深秋，也顯得咖啡金黃，且一個人影也沒有。所以不論是把野餐墊放在左邊、放在右邊、放在樹下、放在川旁，通通都超級奇怪，就是那種很可能會有當地居民通知警方過來盤查的奇怪。

最後，我望著一片咖啡金黃，依舊沒有勇氣把野餐墊拿出來。

放在玻璃罐裡的仙貝，
每一種看起來都好好吃！
只要跟老闆說：
It's プレゼント (Purezento)
就會有特別的包裝

\ 柴又 /

放鬆指數 ★★★★★
雖然野餐行動終究失敗，
但我很喜歡柴又的古樸氣氛，非常放鬆，也很好發呆。

東京都葛飾區 柴又 4 丁目 8
營業時間各店家不一　/　17:00 過後店家會陸續收攤

柴又たま屋 (黃金便便的商店)
東京都葛飾區柴又 4-9-5(帝釋天參道入口處)
10:00-18:00
休日：年中無休

立花屋煎餅店
位在帝釋天參道商店街中
09:30-17:00

大和家天丼
位在帝釋天參道商店街中
11:00-16:00

帝釋天題經寺
東京都葛飾區柴又 7-10-3
09:00-16:00

京城本線 —— 京城高砂 —— 京城金町線 柴又

relax
12

- TOKYO -
新宿御苑

星子在無意中閃
細雨點灑在花前

從柴又的豔陽回來後,接近 12 月的氣溫,越來越低,又是一連幾天的陰雨綿綿。雖然比起剛到東京時的大雨滂沱,這時候的雨顯得溫柔許多,但濕冷的不適還是讓人不想出門。待在公寓裡,我看了幾部電影,也把台灣帶來的懸疑小說翻來又闔去,最後無所事事躺在床上,看著天花板數那看不見的星星。哎,感覺這樣在東京當廢柴,實在說不過去。

「還記得妳剛到東京時的浪漫靈魂與堅韌意志嗎？」我問自己。

被問得有些慚愧，所以，縱使已經接近傍晚，我還是佐著溫柔細雨，出發到新宿御苑尋找封塵的浪漫與意志。

新宿御苑非常非常的大，有 58.3 公頃。最初是德川家康授予家臣的住宅土地，後來成為皇室庭園，直到 1949 年才對外開放，讓一般民眾可以一睹御苑風采。對我這一般民眾來說，看著這偌大的園區，實在沒辦法想像過去這裡竟然是一戶家臣的宅地，那戶家臣有沒有認真把這個庭園走過一遍？知道自己家有多大嗎？真是好讓人羨慕。

春天，園區裡的櫻花樹大爆發，這裡是東京人最熱門的賞櫻景點，各處的

草地上擺滿我夢想中的野餐墊，野餐墊上有我夢想中的美食與陽光。

我揉揉眼睛，野餐、美食與陽光「咻」的一聲消失，在接近日落的這時候，草地上、大樹下，除了讓人發顫的冷雨外，什麼都沒有。秋天、雨裡的新宿御苑，好像失戀的女孩，冷得讓人心疼、靜得無比淒涼——你看，我浪漫的靈魂都被逼到文字上了。

新宿御苑分為日式庭園、幾何式庭園及風景庭園三座特色園區。一向路痴的我，有點分不清楚東南西北，一切只能憑感覺走去。這季節雖然沒有羅曼蒂克的粉紅櫻花，但黃澄的銀杏與赤火的楓葉，還是把整座公園染得非常別緻漂亮。

走在人煙稀少的小徑裡，我忽然發現跟著細雨一起從樹上落下的秋日果實，

灑了一地。那些果實，除了從銀杏樹上掉下的銀杏果與楓樹下的楓香外，其他都叫不出名字，是橡實？是櫟果？是赤楊還是烏臼？因為這個驚奇的發現，很愛蒐集果實的我，忍不住開始低頭尋寶。從沉靜的日式庭園尋到西洋的幾何庭院，我無心欣賞那講究的園區設計，在綿綿細雨中撿拾果實，反而變成這天最大的樂趣。

四點，因為雨天，光線提早離開。公園裡剩下的人不多，在灰黃色的濛濛昏暗中，我的興致越來越高昂。手掌裡快抓不下的落果與殘葉，深深印在肉裡，這才發現兩隻手早就已經凍得發僵，頭髮與衣服也冷濕濕的，可是又有一種停不下來、一發不可收拾的著魔感。天哪，是我的浪漫靈魂與堅韌意志大爆發吧。

走在深山裡，莫名地被魔神仔牽去，是不是就是這樣？

驚覺自己有點走火入魔後，我即刻清醒，驚慌地想離開時，身邊卻飛來小鳥一隻又一隻，就像剛才埋頭尋果、不知今夕是何夕的我一樣，牠們也無視白日將盡，不停地低頭啄食。

看著眼前如夢似幻的情景，我忽然想起林徽因的一首詩：

你是四月早天裡的雲煙，黃昏吹著風的軟，
星子在無意中閃，細雨點灑在花前

現在雖然不是四月天，卻有黃昏的軟、星子的閃與灑在眼前的細雨，比起剛才的驚慌，因為有這群小鳥陪伴，我很享受這樣一地果實如星光般熠熠發亮的時光。好美，好浪漫。

後來天色全暗，冷得不得了，
在園內發現一間小小的茶屋，
點了一份壽司與熱抹茶，
才得到雨天裡的救贖

今天，夠浪漫

深秋的新宿御苑
感覺有些蕭條孤涼

\ 新宿御苑 /

放鬆指數 ★★★★
我浪漫的靈魂與堅韌的意志，
終於與一群小鳥們，一起體現在濕濕冷冷的新宿御苑。

東京都東京都新宿區內藤町 11
約 09:00 - 18:00 ／ 最後入園時間為當天閉園時間前半小時

新宿御苑每個季節的閉園時間都不同，
出發前可至官網查詢：
www.env.go.jp/garden/shinjukugyoen

園區內有許多餐廳、茶屋與咖啡店，各有特色，營業時間不定。

新宿線
副都心線
丸之內線

新宿
三丁目

丸之內線

新宿御苑前

接近天黑的時刻

天空落下點點雨水

雨水把河面敲出一個一個小洞

像是星光

也像深秋的呢喃

{夫妻御守}

在青山一丁目與六本木中間的乃木公園
裡,有一座新婚夫妻必參拜的乃木神社。
神社祭神是曾經擔任台灣總督的乃木希
典將軍與他恩愛的夫人。這裡推出了一
款日本傳統婚禮服裝——白無垢跟羽織男
裝——的夫妻御守,非常精緻漂亮。這種
よりそひ守(永結同心御守)放在一個小巧
的白色硬紙盒子裡,盒底襯了一張金色紙卡,

打開後,就像是一對夫妻站在金色屏風前,互相依偎,並肩而立,
象徵愛情長長久久、永不變心。

{求勝猴子御守}

皇居附近的日枝神社,掌管自然與萬物生長,祂像一
顆都市裡的綠寶石,獨自嫻靜地座落在市中心。猴子
是這個神社的使者,在這裡有超人氣的各種猴子御守。
猴子御守(まさる守)和日語勝利、除魔的發音類似,
所以猴子御守也有求取勝利的意涵。

日本三步一大寺廟、五步一小神社，東京的神社密集度雖然沒有京都那麼高，但也是走到哪裡都能參拜。在神社參拜，最吸引人的，就是各式各樣的御守，不只主題功能各異、造型也千變萬化。到神社裡挑一款御守帶回家，變成在東京旅行的另類打卡～

{ 結緣鈴蘭守 }

鈴蘭的花語是：幸福が訪れる，幸福降臨、幸福來了的意思。這樣的好兆頭讓許多新人或想戀愛的男女都想擁有。造型可愛別緻的鈴蘭守，又以供奉天照皇大神的東京大神宮所推出的最受歡迎。東京大神宮是著名的結緣神社，在這裡求的鈴蘭御守最為靈驗喔。

{ 銀杏守 }

銀杏是日本秋冬最具代表的形象，這個季節，很多神社都會推出銀杏造型的御守。銀杏樹高聳巨大，經歷地震、風災仍然屹立不搖，有一種永遠都在、默默守護的意象。再加上銀杏葉澄澄金黃，隨風落下，恍如金幣灑落，很有金運兆頭，所以銀杏守算是一個多功能的御守，既可以守護生活靜好、保佑平安，又能開運求財。秋冬季節到東京，不要忘記多帶幾個回家～

｛緣結御守｝

這種打了一個結、把緣分綁起來的緣結御守，是
我最喜歡的造型。每個神社都會推出自家特色的
緣結守，雖然大致上都是用長條布料打上一個結，
但不論是配色或樣式都不同，細節處也各具巧思，
很有意思。

｛心願成就守｝

這個在上野恩賜公園裡的清水觀音堂求的御守，是一個
上面繡了花朵的小布包，非常可愛。這個御守功能強
大，心願成就，也就是心想事成、萬事如意。話雖如此，
但一個御守只能守護一個心願，不要求了這個又求那
個，太貪心的話，這小布包會很為難。所以我只誠心
祈求一件事：心想事成，哈。

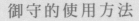

{ 融通守錢 }

除了御守，在日本神社也可以求個融通守錢，融通守錢就是我們說的發財金、錢母。融通守錢沒有御守那樣別緻的布料設計，一般都是用一張印有該神社代表的圖樣或字樣的白紙，將一枚硬幣包起來。這枚求財的錢母，放在錢包裡面可以開啟財運，生出更多的金錢。如果心願達成，一年之後要歸還這枚守錢。

御守的使用方法

1. 近身守護

   御守就跟我們的平安符一樣，需要貼身的守護。依據不同功能的御守，把它們放在最適合的位置就好。比如求財御守就放進錢包裡、平安御守可以隨身攜帶或綁在包包上、交通安全御守就放進車廂或掛在龍頭、後照鏡的地方。

2. 不要打開窺探

   很多人都好奇御守裡面裝了什麼？裡面裝的是受過祈願的符咒，擁有神明守護的力量。如果因為好奇把御守拆開，那麼這股力量就會煙消雲散，御守也失去其生命力，沒有辦法再運行它的守護力量了喔。

3. 使用期限

   通常御守的守護期限是一年。神社或寺廟都會有回收御守的服務，象徵幫忙處理掉一年來的霉運與厄運。但很多觀光客都會把御守當成收藏品，只要好好保存、對待，也就不用太過介懷它的使用期限。

relax
13

- TOKYO -

清澄白河

淨亮透白與時髦摩登裡的

33,737 步

清澄白河在大家的東京口袋名單裡，應該很少出現，不過說到藍瓶子 Blue
Bottle Cafe，大家應該就不陌生了吧。

我覺得清澄白河是一個非常有意思的地方，淨亮透白可以形容這裡；時髦
摩登也可以用在它身上。它很少出現在東京旅遊名單中，我想是因為這裡

需要非常優遊自在的心情與大方扔擲的時間，才能夠感受這個小社區的美好。對很多旅人來說，時間不容許這樣浪費，所以特別前來清澄白河喝一杯 Blue Bottle Cafe，然後打卡、離去，變成大家對這裡的粗淺認識。除了咖啡香，如果時間可以像我這般多，極度建議可以花一整天的時間在這裡慢慢晃、慢慢走，除非心不投機半日多，不然你一定會愛上這裡。

好，雖然我一直跟編輯說，我不希望這本書變成旅遊工具書，但為了讓大家可以感受清澄白河的美，我想「工具書」一下，把我的清澄白河散步路線給你們參考參考：

~我の散步地圖~

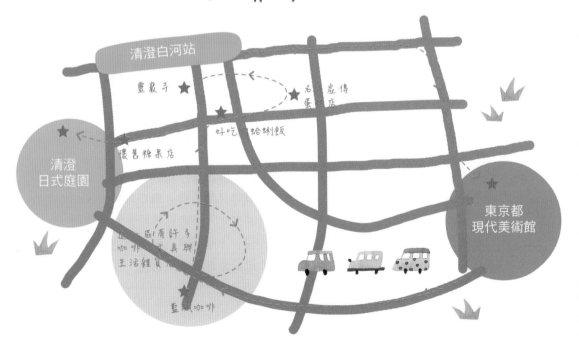

清澄白河站

靈巖寺 ★

★ 名不虛傳蛋糕店

好吃の哈蜊飯

★ 懷舊糖果店

清澄日式庭園

這一區有許多咖啡店、家具與生活雜貨店

藍瓶咖啡

東京都現代美術館

Q. 所以妳推薦的散步路線是？

⭐1 東京都現代美術館 → ⭐2 藍瓶咖啡一帶，散步繞圈圈 →

⭐3 深川釜匠，吃好吃的生蛋蛤蜊飯 →

⭐4 藤堂プランニング蛋糕直營工廠，吃蛋糕、買蛋糕 →

⭐5 靈巖寺走走 → ⭐6 好玩的柑仔店，吃糖買玩具 →

⭐7 最後，在怡人的清澄庭園漫步

Q. 哇！要花多久時間呢？

我早上九點半從上野出發，十點半左右從美術館開始一日行程，一直到傍晚五點離開。一整天啦。

從清澄白河站出站後，我刻意先避開很好逛的南邊區域，沿著地鐵旁的馬路直直往東京都現代美術館前進。

到每個地方的美術館一遊，就跟到每個地方的菜市場一遊一樣重要，它們會同時出現在我的旅遊筆記裡。菜市場可以窺見最真實、最日常的居民生活；美術館可以沐浴最當地、最生猛的美學文化。清澄白河的東京都現代美術館，經過二十幾年的營運後，在我去時，才剛經過三年時間的整修，重新盛大開館。不論是內部空間或建築外觀都處處新穎又透亮，是一定要過去走一走的。

就如同這一天的清澄白河，美術館充滿白燦燦的陽光，清澄摩登。因為剛好坐落在木場公園旁邊，沒有刻意圍塑起來的分界，讓在公園散步的民眾與遊玩的孩子，可以直接輕鬆進入這座綠意盎然的美術館區域。因為這樣自在開放的氛圍，美術館不再是高高在上、冷峻難親的藝術殿堂，反而有一種社區活動中心的日常生活感哪。

我到美術館，最喜歡的不是看展覽，而是感受空間的美。除了走進館內時經過的玻璃陽光迴廊讓我流連忘返外，從戶外延伸到半室內的親水設計，更讓人不想離開。光坐在這裡，就有滿滿的舒緩力量，東京都美術館有許多設施與場域都是免費入場，所以來到這，完全不需要有任何壓力。看著眼前灑落的光與蔓延的綠，我實在捨不得離開，後來在二樓的咖啡店點了杯拿鐵，靜靜的坐在圓弧形窗邊，看斜陽慢慢縮短、慢慢退去，直到正午我才離開。

因為剛喝過咖啡，實在不想為了拍照留念再去藍瓶增加咖啡因。我往南走，走過路過也錯過大家必定朝聖的藍瓶咖啡，在這一帶安靜的社區漫無目的地繞圈圈。其實除了知名的藍瓶，這裡還有許多漂亮的咖啡小屋與甜點、雜貨店，與自由之丘很像、也不太像，這裡更多隱藏版社區型小店，沒有商業的喧嘩，需要靠你慢慢探險，才能覓得寶藏的那種驚喜感。

就像隱藏在這片地圖裡的幾間文具、生活風格店，它們的外觀異常低調，有些甚至就像廢棄工廠，若不是門口放了小黑板告示，很容易就直接忽略它。但也因為這樣的曖曖內含光，讓這裡的氣味充滿文青的小清新，比起來，自由之丘是善於交際、妝點得宜的大家閨秀；清澄白河則是隨興自我、清湯掛麵的鄰家少女，我真的好喜歡～

如果把清澄白河的整個散步路線從中橫向劃一條線，下半部、也就是南半邊，是淨白透亮的，而往上走後，上半部、北半邊，就慢慢注入一股復古的時髦摩登。

這裡的街道開始質樸，就跟一般住宅社區無異，但不是新興住宅，是老家一般的親切、懷舊。走在其中，還會跳出幾間把人吸進去的小店——食器店、茶品店、冰淇淋店——像電影中的彩蛋，忽然給觀賞者突如其來的驚喜。就是這些看不完的驚喜，讓我從右走到左、從南走到北，幾乎忘了吃東西這件事。

因為空腹＋一早那杯大拿鐵的咖啡因＋繞圈圈走了很多路，我感覺血糖直直下降、手腳開始微微發抖。意識到自己可能即將癱軟之前，剛好停在深川釜匠門口。是「停」，不是「軟」也不是「癱」，幸好。深川釜匠是一間當地人很愛的傳統料理店，提供鋪上滿滿蛤蜊的套餐。當然經過口耳相傳，它也變成大家到清澄白河一定要去品嘗的必吃料理。

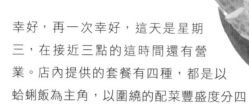

滿滿的
肥美蛤蜊

幸好，再一次幸好，這天是星期三，在接近三點的這時間還有營業。店內提供的套餐有四種，都是以蛤蜊飯為主角，以圍繞的配菜豐盛度分四個等級。我選了第二等級的套餐，是一碗打了生蛋的蛤仔飯。我很喜歡吃蛤蜊，每次喝蛤蜊湯，一定先把所有蛤蜊肉取下、拿掉殼後，才豪邁的大口吃下肚。這裡的蛤蜊不用自己去殼，恍如慈祥阿嬤為金孫準備的免動手飯，完全是我的菜。蛤蜊肉又大又肥，我把筷子直立、從蛋黃中間往下搓，然後像洗衣機一樣，開始順時針旋轉、攪拌，整碗蓋飯從蛤蜊到海苔到米飯，通通獻身給滑潤、香濃的蛋黃液，接著又獻身到我肚子裡，把我的血糖跟戰鬥力慢慢拉回來。

吃過阿嬤愛金孫般的蛤蜊飯後，我在蛋糕工廠直營店買了一顆草莓奶油蛋糕──購買前，櫃檯上有滿滿、一整塊的蛋糕可以試吃，這是什麼情況？──然後逛了幾間像柑仔店的糖果玩具店，就往清澄庭園走去，在庭園深綠色的池水邊，為這天劃下句點。

沒有迪士尼那樣聚焦的玩樂、沒有上野周邊逛不完的商店，淡淡的、輕輕的，卻比哪裡都還要滿足。我看了手機裡的計步器，這天的行走量高達 33,737 步，計步器 app 給了我一顆破標的黃色大星星，我則給清澄白河一顆 CP 值滿分的閃亮大巨星。

\ 清澄白河 /

放鬆指數 ★★★★★
清澄白河因為每個景點之間有一定的距離，
所以沒有觀光客鬧哄哄的繁雜，很適合慢慢漫漫的散步一整天。

東京都現代美術館
東京都江東區三好 4-1-1(木場公園內)
10:00-18:00
休日：星期一、新年、換展期間休日不定
出發前可以先上官網查詢：www.mot-art-museum.jp

深川釜匠
東京都江東區白河 2-1-13
星期二、四：11:00-15:00 / 星期三、五～日及假日 11:00-20:00
休日：星期一

藤堂プランニング
東京都江東區白河 2-5-2
10:00-19:00
休日：年中無休

清澄庭園
東京都江東區清澄 3-3-9
09:00-17:00 / 成人票價日幣 150
休日：新年假期

Blue Bottle Café
東京都江東區平野 1-4-8
08:00-19:00

 半藏門線 ════ 清澄白河
大江戶線 ════

在 TOKYO 待了一半的日子

其實大部分の時間

我都在發呆中度過

in

每個地方的長崎上

relax
14

- TOKYO -

銀座甜點

在銀座甜膩裡
僞貴婦的勇氣

到東京那麼多次，我從來沒有去過銀座。骨子裡塞著歐巴桑的我，還是比較喜歡去便宜又大碗的地方……

Q. 東京本身就沒有便宜又大碗啊？

快別這麼說。

銀座是東京的高級地段，除了各品牌的貴婦百貨外，也是高檔甜點的集中區。這次我特別安排銀座行，想來一趟貴婦甜點之旅，說不定，歐巴桑我在揮霍之餘，能在其中找到放鬆的樂趣。

這趟銀座行，我只聚焦在吃甜點。我數數錢包裡的日幣，開玩笑，沒有三兩三，怎能上銀座山。出發前我特別告誡自己，絕對要避開那些高級百貨與名牌店家，免得像山裡遇見魔神仔，就這樣被牽去刷爆信用卡。我把計畫中的兩間甜點店路線，畫在紙上（超老派），放進口袋中，一路上就像握著護身符一樣隨時捏一下，提醒自己一下車就直奔甜點店，其他通通不聽、不看、不逛。

口袋名單第一位，是東京銀座資生堂 PARLOUR。資生堂 PARLOUR 不賣保養品，是一棟高檔的複合式大樓，位在銀座八丁目。大樓裡有商品販售部、咖啡廳、宴會廳、西式餐廳及星空酒吧。老實說，要走進大樓的壓力有點大，一向習慣自在用餐的我，想到要一個人勇闖銀座的高級甜點店，忽然有點退縮，心裡一直掙扎要不要進去。大樓一樓是 SHISEIDO PARLOUR shop，圓形櫃台裡有許多蛋糕、甜點、禮品可以選購；我要

去征服的是三樓的 SALON DE CAFE，但不知怎麼的，我就是遲遲不願往上走，在這個不大的圓形櫃台，我像魚缸裡的金魚，在一個圈圈裡，繞了又繞、看了又看，就是離不開。就在我覺得櫃台小姐被我轉得眼睛變成螺旋狀時，才鼓起勇氣離開魚缸、往三樓走去。

三樓的 SALON DE CAFE，從牆面到天花板，都與資生堂大樓使用相同的暗橘紅色系，鋪上奶油色繡花桌布的圓形桌搭配厚實的法蘭絨紅色沙發，一整排小巧的吊燈由上往下墜著光，不大的空間，以一種非常成熟且雍容奢華的大人系姿態呈現眼前。

我火眼金睛、快速觀察內坐的客人，發現年齡層也與這個空間一樣，走「成熟的大人系」；有一半感覺是「德高望重」的貴婦聚會，而另一半是「非常德高望重」的貴婦聚會。幾乎滿座的空間卻異常安靜，除了偶爾發出湯匙碰撞的聲響，需要把耳朵清一清再歪頭用力聽，才能聽到那些小得幾乎聽不見的聊天細語。莫名的，這樣的空間與氣氛給我一種手腳綁住的窒息感。「這個空間好像不適合妳耶……」我快速在腦中分析後下了結論，給掙扎中的自己一個合理台階，在店員發現我之前，悄悄轉身、遠離這個過分高級的地點。可惡，口袋名單裡的第一間甜點店，就在我的懦弱之下將我拒於門外，噢不是，是被我拒於門外。

有鑑於勇氣這東西是越磨越渺小，人都在銀座了總不能空手離開。我轉身往銀座五丁目的下一個目標手刀前進，這一次，不能再懦弱了！

下一個目標是高級巧克力店「Pierre Marcolini 銀座本店」。Pierre Marcolini 是來自比利時的頂級巧克力品牌,在東京就有六間店,但只有位在銀座的分店有設置咖啡廳,而且還提供限定餐點——Marcolini 咖哩。

與資生堂大樓一樣,這裡的一樓是店鋪,販售各種巧克力相關商品,二到四樓才是咖啡廳。雖然這間頂級巧克力的高級程度不亞於資生堂 PARLOUR,但氛圍卻與資生堂 PARLOUR 相差甚異。如果說一位是京都望族女仕,那麼另一位就是巴黎時尚女郎,說起來,我好像跟巴黎時尚女郎比較合得來,從走進一樓商店開始,就毫無阻礙、優雅輕盈地往上一層的咖啡廳走去。

原以為單單以巧克力為主題再加上這天是平日,用餐客人應該不多,沒想到二樓座位全滿,走上三樓才有位置,看樣子真的很受歡迎。巴黎時尚女郎活潑許多,走在梯間就能聽見隨興自在的聊天與笑聲,搭配輕巧時尚的裝潢與座椅,感覺起來好有人味、好親切～

雖然 Marcolini 咖哩是這裡的限定,但對咖哩興趣一般的我,又看見一份要價三千多日幣後倒抽一口氣,決定選擇初衷,點一份這裡最經典、最招牌的巧克力聖代——Marcolini Chocolate Parfait。

巧克力聖代比起限定咖哩,同樣價值不斐,但都上了銀座山,這點銀兩只是山裡的過路費。聖代非常華麗,完全是網美級角色,在投射燈的照耀下,閃閃發亮,好像穿上一層又一層的晚宴服。

晚禮服內容，除了有巧克力冰淇淋外，還有香草口味冰淇淋、慕斯、平衡
味覺的香蕉片及一塊脆口巧克力。

我從最上方的巧克力冰淇淋開始品嘗，冰淇淋滑入嘴巴的瞬間，真讓人驚
豔！綿密柔順的口感可以吃得出原料頂級紮實，巧克力的濃郁，直直往腦
門衝，這種感覺通常只有在喝滾燙的麻辣湯時才會出現，卻完全復刻在眼
前這份聖代身上。在一旁的香草冰淇淋，也完全不遜色，一顆顆香草籽清
晰可見，這種天然的香草風味是一般香草香料完全沒辦法比擬的。果然是
來自比利時的頂級巧克力，每一口都讓人沉醉其中，好陶醉！

就這樣，我在完全陶醉的巧克力與甜味迷幻裡，
約莫挖到第二層慕斯時……

「痾，好甜喔……」

平常不太吃甜的我，在吃完兩球冰淇淋＋那塊巧克力後，瞬間，真的是一
瞬間，覺得想停了。可是這份一層又一層的聖代我才吃掉第一層耶！是因
為太過濃郁嗎？還是因為太過頂級？比起來，此時此刻我好像比較想念台
灣那隨意淋上巧克力醬的平價剉冰——創辦人巧克力大師 Pierre Marcolini
聽到可能很傷心。

我想起包包裡從販賣機投來的無糖濃綠茶，忽然好想拿出來喝一口，這種
感覺就跟當時候在自由之丘被那碗刷茶黏住嘴巴的窘困一模一樣。可是在
這頂級奢華的地方，那罐寶特瓶綠茶哪能見光？我喝了口水，努力生津解
膩，後來那杯聖代的第二、第三、第四層，幾乎是一口水一口甜，努力嚥下。
Marcolini Chocolate Parfait 的美味絕對不在話下，只怪我不是巧克力控，
實在沒辦法駕馭這充滿野性的濃厚巧克力滋味。這裡隨著季節會推出各種
聖代，春天有草莓聖代、夏天有西瓜聖代，我想那些清爽型的口味可能比
較適合我，下次有機會，一定再來品嘗看看。

\ 銀座 /

放鬆指數 ★★
其實我覺得不管是超市、百貨還是便利商店的日本甜食，
都已經很厲害，不太需要特別花大錢到銀座去，但嘗嘗鮮倒是很有趣。

資生堂 PARLOUR
東京都中央區銀座 8-8-3 東京銀座資生堂 Building
11:30-21:00
休日：新年假期

Pierre Marcolini 銀座本店
東京都中央區銀座 5-5-8
星期一～六 11:00-20:00 / 星期日及假日 11:00-19:00
休日：新年假期

銀座線

丸之內線   銀 座

日比谷線

relax
15

- TOKYO -

神保町

神秘的
青木眞理子現象

我們家，是一個非常愛看書的家庭，家裡每一面牆都有書櫃，走到哪裡都能拿到書。小時候，覺得那些書都是「大人的事」，對於家裡到處擺滿書籍的樣態，老實說有點無感。

直到有一天，當我赫然發現，每個月花在買書的費用遠遠超過治裝及保養

品費時，就知道我已告別青春少女、正式進入「大人的事」的世界裡。而家裡那些到處都有的書籍，成為一種跟著我一起長大的安定存在。

只是看書這件事，隨著時代，在我們家慢慢分成兩個派別，一個是手機在手、世界遨遊的電子書派；另一個是紙張在手、質感擁有的紙本書派。Old school 如我，自然屬於紙本書派一員。

我非常非常喜歡紙張拿在手上的感覺，尤其是一疊厚厚的紙張，如書。

我會把書放在掌心掂掂重量，用指尖慢慢滑過書本的每一個轉角，用指腹去感受裝訂的厚實、紙張的紋理以及封面是否有特殊印刷──亮光、打凸、壓紋、燙金。最後深呼吸，聞聞書籍紙張散發出來的氣味。你們知道嗎？不同的紙張都有不同的味道。所以每一次購買書籍之後那種先不翻開書，而是把書本好好摸一把的興奮感，是閱讀一本書時，我最期待的部分。說起來，我愛書的本質更勝過書的內容，完全是把書當成收藏品擁有。

既然身為書痴，神保町怎麼能夠不去朝聖一下。前面說了那麼多，其實只是想表達，就算神保町裡的書籍我通通看不懂也無妨，我就是想去好好摸一把。

看到一字排開、同系列、同色系的書，也能讓我異常興奮。

神保町一帶，大大小小總共有將
近 200 間書店，再加上穿插其中的文具、
畫材、美術店家，走在神保町街道，就像置身一
間超大的露天書籍文具賣場。尤其有許多店家，直接將書
架裸放在人行道旁的牆面，無牆無隔閡，邊走就能邊看書，這才
真的是沉浸式書香體驗！

我沒有刻意查詢神保町的尋書路線或知名店家，從車站出來，沿著街道隨
興散步，反正怎麼走都離不開滿滿的書本風景。不過在繞了幾圈之後，我
大概可以簡單劃分出「懷舊古書區」與「現代書店」兩個部分，古書區就
是我們說的二手書店，大多小小的，書籍從地板往上堆疊，剩下的空間差
不多只夠一個人轉身，走在裡面要非常小心，但總能發現許多有意思的泛
黃古老書籍與手工裝幀書；而現代書店區，就是會結合文具、生活雜貨、
整體窗明几淨的大型書店，其中有幾間還結合咖啡廳，可以同時把書香與
咖啡香塞滿身體。

在神保町，除了書香、咖啡香，還有另一香——咖哩香。在說咖哩香之
前，想先跟你們聊聊「青木真理子現象」（青木まりこ現象，Aoki Mariko
genjyo）。

「青木真理子現象」？

1985 年，一位叫做青木真理子的讀者向雜誌投稿，提出：為什麼
每一次待在書店一段時間後，就會有想大號的感覺？不論是看
什麼樣的書籍，這樣的感覺都會出現，而且完全抵擋不了。

沒想到這篇投稿，引發大批讀者回響與討論；許多人都附和，
認為自己也是這樣的情況。這間雜誌社日後還為此特別推出

一個特輯，主題就是：「震撼書店界的青木真理子現象之謎與真相」。究竟為什麼在書店會引起想上大號的慾望，該篇專題有詳細說明，大家可以上網查查，我這裡就不贅述，不然編輯可能會刪掉。但青木真理子現象，我個人倒是非常贊同，因為我也是一逛書店，就會很想上廁所的那群人。

在走了幾間書店之後，那股「青木真理子現象」開始出現，直到一間放滿古書、充滿老舊與灰塵味的二手書店時，我的「青木真理子現象」被催生到最高點，但一般書店或文具店都沒有提供洗手間，幸好二手書店旁就是一間喫茶店，我急匆匆的進去解放那謎樣的「青木真理子現象」。

在神保町有許多這樣的喫茶店，店裡大多會提供神保町另一個頗富盛譽的名物——咖哩。神保町、神田與御茶之水一帶，是東京的咖哩聖地，這區有許多咖哩名店，所以到神保町看書與品嘗咖哩，幾乎是綁在一起的行程。

對咖哩沒有很高慾望的我，因為謎樣的現象被推進一個不在行程內的行程。也因為突如其來，我沒有記下這間店的店名，也沒有留下任何照片，只稀里糊塗的記得，我點了一份搭配生菜沙拉＋咖啡的牛肉咖哩套餐，讓我同時間完成神保町必經三香三事：書香、咖啡香、咖哩香；看書、吃咖哩、解放謎樣現象。

是說，通常吃完咖哩，也會連帶有另一股「青木真理子現象」不是嗎？

對了，每年 10 月底到 11 月初，神保町會封街舉辦書籍慶典，由書店推出各自的優惠攤位，還會有音樂演奏與藝文表演，是愛書人一年一度期待的盛事。

書香祭
是我下一次到
東京的目標

\ 神保町 /

放鬆指數 ★★★
如果你也是青木真理子現象的一員，
那到滿滿書香與咖哩香的神保町，一定要有心理準備。

東京都千代田區
每間店鋪營業時間都不同，
大部分 10:00 之後才會營業，18:00 過後店家陸續閉店。
休日：每間店鋪不定，大多星期日公休。

神田舊書節（神田古本まつり）
東京都千代田區神保町 神田古書店街
每年 10 月下旬到 11 月上旬
出發前可以參考官網資訊：https://jimbou.info

有幾間我沒有介紹但很有意思的店家，也推薦給你們：

Book House Cafe
這是一間以童書為主的書店，裡面還有一間被書架圍繞的咖啡小店。
東京都千代田區神田神保町 2-5
11:00-18:00

文房堂ぶんぽうどう
在這 100 多年的建築裡，販售各式各樣的畫材與文具，3 樓還有咖啡藝廊，非常多元。
東京都千代田區神田神保町 1-21-1
10:00-19:30

三田線 ━━━━━━━
新宿線 ━━━━━━━ 神保町
半藏門線 ━━━━━━━

relax
16

- TOKYO -

東京蚤之市

37、三十七、thirty-seven
瘋狂的豆皿

這趟旅行，除了放鬆外，還有兩個重大表訂行程，是我使命必達的願望。
一個是銀杏祭，另一個是東京蚤之市。銀杏祭，已經在冷風冰雨及那根香
腸中，死在青山一丁目的爛泥裡。所以我把所有重心放在心心念念、引頸
期盼的東京蚤之市。

這個市集是由一間很多元化的公司——手紙舍——所舉辦，如果常常逛文創紙品店，對手紙舍應該不陌生，他們在台灣也有許多櫃位，出品各種紙品與文創商品，是我非常喜歡的品牌。

蚤之市，雖說是市集，但規模非常大，每次都會邀請海內外 200 間左右的店家共襄盛舉，整個會場走一整天也逛不完。且一年只舉辦春季、秋季兩次，每一次僅為期 2 ～ 3 天，所以這幾個日子就像磁鐵一樣，能把世界各地的雜貨迷，通通吸聚過去，我也是。

因為很愛逛市集，每次出國旅遊，不論地點是哪裡，我一定先查查日程內有沒有市集活動，印象最深的一次，也在日本。記得有一年春天，在京都剛好碰上一個寺廟內的市集，規模不大，幾個攤位棚屋錯落在寺廟與櫻花樹間。風一吹，朵朵粉紅色的櫻花如雪紛飛，如夢似幻，那一天，恍如天堂般的存在。有過那一次粉紅色的悸動，對於這次要參加黃澄澄的秋日市集，心裡的期待實在可以跟國小要參加遠足前的興奮有得比。

市集活動這天，天氣出奇的好，銀杏祭的陰霾蕩然無存。這次的蚤之市一連舉辦三天，但因為需要入門票，所以我打算利用滿滿一天的時間走完全場。早上八點半不到，我就到了昭和紀念公園會場（每一年舉辦的地點不同），沒想到，會場外已經有不見盡頭的排隊人潮，看樣子大家都跟我一樣抱著遠足般、等不及的心情提早來了。

市集九點開始，我在隊伍中等了快一個小時終於慢慢前進。方才還很有秩序的

隊伍，在正式踏入會場後，人群瞬間天女散花，一個一個從四面八方沒入黃澄澄的顏色裡。放眼望去，純白色羅馬帳與奶油色遮陽傘錯落在銀杏樹間，風一吹，片片金黃色的銀杏葉如雪紛飛，喔齁！眼前的如夢似幻完全不亞於當年的粉紅色京都夢，難怪東京蚤之市被稱為亞洲最美市集。

蚤之市的攤主並不是個人，而是來自各地的店家。縱使市集內的主題很多——有骨董、古著、書籍、家具、雜貨、文具紙品、咖啡輕食等——但所有的物件品質都非常好，全是經過店家嚴選才亮相。尤其，日本有著愛物惜物的生活習慣，也有溫柔對待所有物品的浪漫性格，縱使是古物，也都保持很好的狀態，在這裡挖寶完全不用擔心買到狀況不佳的商品。

我沿著場邊，先從外圍逛起，跟著攤位一個一個，原本還循序漸進，後來「眼花撩亂～」、「目不暇給～」兩句話開始在眼前不停輪流播映，看見那攤的花草就想往那裡走、看見這裡的火柴盒又想湊近看，我不知道從什麼時候開始，像是從路線迷失的落單螞蟻，一整路慌慌張張、毫無頭緒、四處亂竄。

在這樣亂竄幾個鐘頭後，乳酸忽然佔據我的四肢，我停止動作，在一棵銀杏樹下找到一座賣鬆餅的攤位小屋，點了兩個像是司康的小蛋糕與一杯拿鐵，在攤位旁的石階上，往幾片銀杏葉一屁股坐下，緩緩心神。

身為一個雜貨控且擁有什麼都不想錯過的激進性格，亂竄成為什麼都想要卻什麼都錯過的最大痛點。我怒咬一口蛋糕，重新思考，要闖蕩這樣規模盛大的戰場，需要好好擬定策略，才不會一下子把油料消耗殆盡。我抬起頭，與坐在旁邊的陌生人對峙，好，市集下午五點結束，琢磨著只剩幾個鐘頭，我決定把接下來的油料全部放在豆皿身上（捏爆拿鐵杯）。

如果餐桌是夜空
豆皿就是夜空裡閃亮の星

Q.豆皿？什麼是豆皿呢？

不是裝豆子的容器，「豆」皿的「豆」，有「小」的意思。

因為日本獨特的飲食文化，我們會發現，日本餐桌上，他們喜歡將精緻菜餚、醃漬菜、調味料、小菜、菓子等，用一個個大小、形狀、花紋不一的小碟子分別盛裝，那些直徑介於6～10CM之間的小碟子，就是豆皿。

過去古日本的人民，會用手盛裝鹽巴配米飯吃，隨著時代變遷與各國文化影響，慢慢發展出像手掌一樣小小的器皿來裝鹽，所以豆皿又稱「手塩皿」，一開始就是為了盛裝醬料而出現的器皿。

後來商人依據日本文化設計出許多極具日式風格與圖樣的豆皿，讓它成為上流階層獨有的飲食器具。直到江戶時代後期，這樣的豆皿才漸漸在民間廣為流傳，並且發展出更多樣化、更多色彩的款式，像是蝶、葫蘆、櫻花、日本扇、富士山、代表吉祥的蝙蝠……等等。

餐桌上，因為這些千變萬化的豆皿，讓視覺更加燦爛、美味。現今也有許多品牌將豆皿推上極富設計感與流行感的時尚尖端。豆皿對日本飲食文化來說，是絕對不能忽視的餐桌閃亮星。

因為日本獨特的飲食文化與餐桌美學，使他們的餐具更加多元、豐富，在蚤之市的攤位中，器皿類占比最大宗，還有一區是專門為豆皿而生的「東京豆皿市」，可見豆皿在日本人心中的地位多麼重要。

我的廚房櫃子裡，塞了滿滿的各式各樣食物器皿，真正用到的不到 10%，其餘 90% 就是那種每到年終通通拿出來、越欣賞越嗨，接著又通通收起來的自嗨品。為此還額外添購兩個櫥櫃專門放我心愛的餐具。我在腦海中遙想家中櫥櫃的透視圖，從上到下、從左到右，經過精密計算，我認為再塞幾個豆皿也不成問題，便慷慨激昂的往器皿區昂首走去。

蚤之市裡的食物器皿區真的很不像話，每一個都讓人拿了就不想放下。

前幾個鐘頭已經處於失心瘋狀態的我，在蚤之市的後幾個鐘頭裡，因為那些不像話的器皿，簡直是狂亂瘋癲到極點。「眼花撩亂～」、「目不暇給～」兩句話用最密集的速度在眼前輪播。時間在這樣的衝擊下過得飛快，眼看閉市時間開始倒數，我加足馬力，捲起衣袖如秋風掃落葉，在豆皿攤位間旋風來回，把剩餘的油料通通貢獻在這裡。

後來這股旋風在風眼四處盤旋著陸之後，帶回了 37、三十七、thirty-seven 個豆皿！掃得時候沒感覺，回公寓攤開一數，吃驚程度遠勝過銀杏祭的闇黑香腸。我在腦海中再次遙想家中櫥櫃的透視圖，從上到下、從左到右，經過精密計算，我認為這些豆皿怎樣也不可能再塞得下。

後來，這些豆皿，讓我在回台灣時的航空櫃台前，被漂亮的地勤姊姊溫柔告知行李超重，整整多付了三千七百塊。

（沒啦，是三千多塊沒錯，但沒有三千七百塊那麼靈異。）

\ 東京蚤之市 /

放鬆指數 ★★★★★
對很愛逛日本市集的人來說，
規模盛大又質感破表的蚤之市，是一生必須踩點的盛事。

每年春、秋兩季各舉辦一次，約落在 5 月及 11 月 / 約 11:00 – 17:00
票價：日幣 1000 ～ 1200

舉辦的地點沒有一定。會依據每一次的主題做調整，
出發前請先到官網查詢清楚喔：
www.tokyonominoichi.com

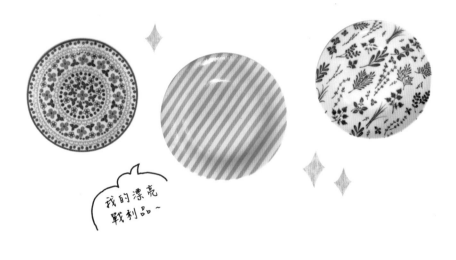

我的漂亮
戰利品~

再遠
都要去！

relax
17

- TOKYO -

神樂坂

錯綜複雜的石板路
人生啊！怎麼會那麼想睡！

待在東京的日子開始倒數，對於放鬆這件事，收穫最大的應該是越來越晚
的起床時間。

過去天一亮就自動醒來的臨老症狀，不知道從哪一天起，忽然消失在這間
公寓的床上。這天醒來，竟然已經接近正午，原本計畫一早到神樂坂散

步——如果沒什麼人就跑步——後，逛一逛、吃個飯，傍晚再到河岸咖啡廳喝咖啡看夕陽。結果這個計畫還沒出門就硬生生被削掉一大半。

沒關係，那就整個反過來好了，我決定先到飯田橋站的河岸咖啡廳吃午餐，然後沿著神樂坂大道一路逛回神樂坂站，這樣剛好與我上一次到神樂坂旅行的路線相反，說不定會有意外新體驗。

前一次到神樂坂的印象非常美好，神樂坂有東京小巴黎之稱，我沒有去過巴黎，但一整區的石板路與兩旁細碎葉子的優雅行道樹，圍塑出一股非常愜意慵懶的味道，我想這或許也頗有巴黎街道的景致吧。這裡是一個不用特別計畫路線就能隨興過來走走的地方，如果真的要安排景點，那我建議把絕美水景的「CANAL CAFE」放進口袋名單，保證不會後悔。

CANAL CAFE 距離飯田橋站只有一分鐘的距離，它是一間緊靠護城河沿岸而建的水岸咖啡廳。咖啡廳分成兩個區域，不對，應該是三個區域。從咖啡廳入口走下階梯後，左轉，是可以在店內和大露臺欣賞河邊景觀並用餐的 Restaurant Side；右轉，則是吹著涼風的戶外露天吧檯 Deck Side，提供簡單的輕食與飲料；第三個區域在水上，你也可以帶著飲料坐在小船上，享受水面的悠悠晃晃。只是我到的這天，天氣滿冷的，沒有看到有人選擇第三個選項。

雖然我很想嘗試乘坐小船，但小船要自己划；萬一翻船不只是冷那麼簡單，還會被沿岸一整排吧台的人看光光，這種糗，太重。所以我走下階梯後選擇右轉，點了一份現烤披薩與咖啡，在河岸邊的高腳椅上，迎著風，享用美食與美景。

坐在 CANAL CAFE 的美，很難形容，那是一種從點、線、面，從身、心、靈都無限清透的美。坐在水邊，視線滑過光影顫動的深綠色水面，慢慢爬上對岸映著水光的樓房；越過樓房，幾隻鳥兒飛向藍天、再盤旋而下。風，用一種讓你發覺卻又不被打擾的速度，緩緩前進。眼前的景致像是暫停般讓人屏息、卻又從來不曾靜止。

因為這樣螢幕保護程式一般的循環，我在吃完那個不小的披薩之後，身心靈滿足且慵懶的程度，無懈可擊。這樣的舒服，再加上時間剛過中午的加乘，讓人好想趴在吧台上睡一覺。我一手托著下巴，眼睛瞇成一條線，眼前的美景東倒西歪，感覺額頭就要撞上桌面之際猛然驚醒！眼珠左右走一遍，確保沒人發現。為了趕走睡意，我心不甘情不願的離開這間美到窒息（昏睡）的水岸咖啡廳。

從咖啡廳穿過馬路，就是神樂坂大道的入口。在神樂坂散步，如果只走在大道上，那完全是 NG 行為。在這裡最有趣的地方，就是大道兩邊、一條又一條迷宮般的細窄石板巷弄。整個神樂坂的結構，就像是魚骨頭，神樂坂大道是魚骨中間的粗脊椎、脊椎兩旁還有許多細細分支出去的小骨頭；又像是人體血管，主動脈是神樂坂大道，動脈兩邊會有許多細小血管流通，那些也是神樂坂的精華之處；也像是一隻蜈蚣……越説越歪了。這種歪，就跟當時候我吃飽喝足從咖啡廳出來後的歪，不相上下。

不知道是不是因為睡到中午又剛好吃飽在午後這應該睡午睡的時間，我走在神樂坂的巷弄裡，竟然努力尋找有沒有可以睡覺的地方。

神樂坂大道非常熱鬧，但兩邊洩流而出的巷弄，可以一秒阻絕噪音、讓人彷若置身秘境，有些巷弄大大的、有些巷弄只容一人穿梭；有些巷弄亮亮的、有些巷弄往下看不見盡頭……總之，每條巷弄都好美，但沒有一條巷弄適合睡覺。

我拚了命尋找一個亭子或是一張椅子可以讓我坐著打盹一下就好，但通通沒有。而且越在迷宮一般的巷弄裡穿梭，精神越混沌；精神越混沌，就越發了瘋似的在巷弄裡來回穿梭。我不知道在這樣的輪迴裡面迷茫多久，最後，一個踉蹌，我從某條小弄跌出大道，剛好停在一間肉店前面。

「大野屋牛肉店」，屋簷掛著毛筆字寫的招牌。這間肉店專賣日本國產牛肉，是這一區很受歡迎的當地肉品店。除了生肉，在店家另一面的櫃檯，還有滿滿的牛肉炸物，家庭主婦除了可以買肉回家料理，也能直接購買熟食當點心。

「太好了！」

一顆星星在我眼角閃起，我心想，吃個東西總能提提神，然後開始正常的旅遊，不要再找睡覺的地方。因為兩眼昏花，在滿滿的炸物櫃前，我隨手指了一顆看起來就超級美味的金黃色炸肉丸。等待同時，撇過頭看看一旁的廣告立牌，發現上面有我點的牛肉丸推薦：牛肉丸選用松坂牛，而且還加入鮮脆多汁的洋蔥，一看就很提神！

哈，沒想到黃金一指就指到好物推薦。

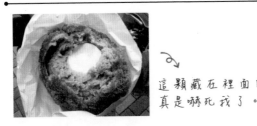

這顆藏在裡面的蛋，
真是嚇死我了。

只是……老婆婆將牛肉丸交到我手上後，感覺有點異常。我像投手一樣把牛肉丸放在手掌掂了掂，沉甸甸的，再拿去跟廣告立牌比對，覺得手上這顆似乎異常的大。

一咬，好好吃。再咬，有一顆蛋！

這不是我的松坂洋蔥牛肉丸！是裡面包了整整一顆水煮蛋的「炸雞蛋牛肉丸」！

難怪又大又重。裹上麵包粉的牛肉，炸得香酥焦黃，一口咬下，裡面的肉汁噴發，依然水嫩鮮香，再搭配滿滿一顆濃郁蛋香的水煮蛋……吃完，超飽！

這一飽，更混沌。

肚子裡放了一整塊披薩跟一大顆牛肉丸的我，痛苦的一手摸著肚子、一手摸著額頭，覺得吃比不吃更想睡。然後又跌跌撞撞進到小弄裡，在天旋地轉的催眠迷宮中，繼續發瘋一樣尋找睡覺的地方。

神樂坂大道兩旁
都是這樣的小巷弄

路痴如我

一不小心就會在裡面迷路

更別說這些像迷宮一樣的巷弄

本身有超強催眠力

越走越想睡

越走越迷茫

\ 神樂坂 /

放鬆指數 ★★★★★★★★★★…★…………★
我已經搞不清楚這一天到底是放鬆還是彌留，
可以確定的是，像迷宮一樣的神樂坂，有一種極度催眠迷幻感。

東京都新宿區 神樂坂大道
每天 12:00 - 13:00 及假日的 12:00 - 19:00 是車輛禁止的步行時段。

CANAL CAFE
東京都新宿區神樂坂 1-9
星期一至六：11:30-22:00 / 星期日及假日：11:30-21:30
休日：不定

大野屋牛肉店
東京都新宿區神樂坂 6-8
10:30-19:00
休日：不定

有幾間我沒有介紹但非常受歡迎的店家，也推薦給你們：

神樂坂鯛魚燒 くりこ庵
東京都新宿區神樂坂 2-6-1
10:00-21:00

おやじの唐揚げ步
東京都新宿區神樂坂 5-34-1
11:00-19:00

東西線
南北線
有樂町線
大江戶線

飯田橋

東西線

神樂坂

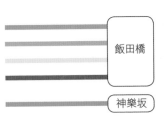

{蔬菜鹽味拉麵}

食材：冷藏鹽味生拉麵
　　　單人份免洗綜合生菜
費用：約日幣 380
料理時間：6 分鐘

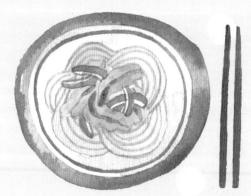

超市裡面販售許多各種湯頭的生拉麵料理包，想吃拉麵，完全不用自己大費周章熬煮湯頭。但因為需要冷藏或冷凍，沒辦法帶出國，所以大家對這樣的生拉麵比較陌生。只要將麵條下熱水燙一下，倒入濃縮湯頭後，再依個人喜好加進自己想加的食材就完成囉。因為出門在外，蔬果攝食少，我喜歡加一包不用洗的生菜。生菜種類也很多，有洋蔥的、蘿蔓的、綜合的與海藻類的，可以每天變換花樣。

在東京一餐大約需要花費日幣 1000 左右，好一點的料理動輒幾千塊日幣。玩那麼久，天天外食也不是辦法，為了不辜負公寓裡的小廚房，我常常自我感覺良好的料理魂上身，不求大師級品味，只願懶人式方便。還好日本超市裡的食材，隨便買隨便好吃，只要簡單組合變換一下，就算再玩一年，也可以省錢又美味。

{ 生蛋蔥花鮭魚丼 }

食材：微波白飯
　　　雞蛋、蔥花、鮭魚香鬆
費用：約日幣 450
料理時間：8 分鐘

東京街頭最庶民又容易找到的餐館，就是連鎖丼飯，價格不貴又選擇豐富，即使是一個女生去吃也可以很自在。但有時候懶得出門，我就會準備微波白飯，簡單切一些蔥花，撒上鮭魚香鬆，最後頂上打一顆生蛋黃，就是一碗好吃的白玉蔥花丼飯。

{ 蝦仁明太子炒中華麵 }

食材：冷藏中華麵
　　　熟食炸蝦仁、明太子

費用：約日幣 680

料理時間：15 分鐘

雖然自己料理，但偶爾也想吃一頓豐盛的
好料。到超市熟食區逛一圈，帶一些煎、
烤、炸的海鮮回來冰著，想吃好料的時候，只要
與冷藏中華麵一起拌炒，最後加入辣辣的明太子與海苔
絲，根本與餐館料理不相上下啊。

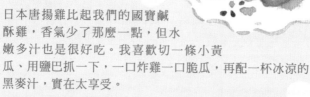

{ 醃黃瓜配唐揚雞 }

食材：唐揚炸雞
　　　小黃瓜

費用：約日幣 480

料理時間：5 分鐘

日本唐揚雞比起我們的國寶鹹
酥雞，香氣少了那麼一點，但水
嫩多汁也是很好吃。我喜歡切一條小黃
瓜、用鹽巴抓一下，一口炸雞一口脆瓜，再配一杯冰涼的
黑麥汁，實在太享受。

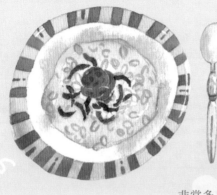

{ 梅干海苔茶泡飯 }

食材：微波白飯
　　　海苔茶漬、醃梅干

費用：約日幣 130

料理時間：2 分鐘

　　這道超省錢又快速的料理，完全歸功於日本茶漬（茶泡飯調味料）的厲害，茶漬口味非常多，只要倒一包在白飯上、沖下熱水，2 分鐘就能上菜。外加一顆又酸又濃郁的醃梅干，讓這碗茶泡飯視覺、味覺更上一層樓。重點是整餐料理起來說有多簡單就有多簡單！

{ 醃漬菜飯糰佐海苔 }

食材：微波白飯
　　　醃漬醬菜、海苔片

費用：約日幣 400

料理時間：5 分鐘

超市裡的醃漬菜也是我的料理首選，不管是大根、高菜或小松菜，只要切小丁加入白飯中拌勻，再用鹽味海苔包起來，根本比擬築地市場的丸豐飯糰。而且這道料理非常好駕馭，分心煮、沒心煮、無心煮都一樣還是很好吃。

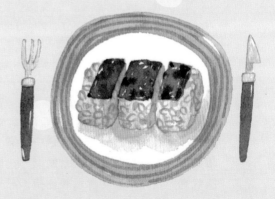

relax
18

- TOKYO -

中目黑

在目黑川邊
流下的滾燙珍珠

幾年前曾在春天櫻花季時來過中目黑，那個季節，在目黑川兩旁將近三層
樓高的一整排櫻花樹，密密麻麻、把目黑川染成連綿不斷的粉色一片，微
風吹過，走在川邊彷彿雪景錯覺。那時候，花景雖然美得像夢，但與櫻花
一樣多的遊客，卻把原本該是閑靜的川畔，弄得熱鬧喧雜，跟祭典一樣。

深秋的中目黑，又會是什麼樣子？

從中目黑車站出來後，我直接往目黑川的方向走去。整個中目黑區有非常多 IG 熱門的咖啡、文具、雜貨與風格小店，但對我來說，這裡最美、最吸引人的地方，還是落在目黑川畔。

深秋的川畔，沒有春天令人屏息的粉紅色，也沒有盛夏時讓人沁涼的綠。意料之外，原本以為會被黃澄紅褐填滿，但那些色彩卻也稀落凋零，更多的是裸露交錯、斑駁又了無生機的枯枝，畫在川邊仰望的天空裡，又映在低頭俯瞰的深綠色水面。這天雖然沒有下雨，但陽光也躲了起來，厚厚的雲層把整個目黑區壓得陰鬱晦暗。這樣四面八方蒼寂的姿態，再加上沒有人潮並肩喧鬧，比閑靜更閑靜的沉默，意外地讓深秋的目黑川，掛上一股喘不過氣的陰鬱。

在這陰鬱裡，安安靜靜的，我一個人，聽著自己踏出的腳步聲，用極慢的步伐，沿著川邊一直走、一直走。

對於這樣的慢，已經有多久沒記起它？十年前開始創業後，每天每天，我都用一種 36 小時的擠，來填滿每個日子，縱使是玩樂、更多是工作，我都努力用盡每一分、每一秒，絲毫不浪費。覺得在每一個時間度量衡裡面都刻畫上東西，才划算。發呆、放鬆、漫步，都塞不進計畫表裡。在工作量最高峰時，有整整三年的時間，我沒有早晚、沒有六日、沒有公私，就只是讓生存蠻橫的霸佔所有生活，甚至擠掉所有該是自己的自己。

每天工作到凌晨、睜開眼睛後又繼續工作，一張圖畫完、續著又是另一張圖，一個案子從行事曆上劃去、緊接著又是另一個救火般火急火燎的案件。日復一日、年復一年，當我發現即將繃到就快破掉的時候，已經同時間有三張慢性處方簽拿在手上。

那是一種快吐了的噁心感。

驚覺，我只有生存沒有生活、我只有疾捷沒有從容，我看不見
身邊美好的事物、遺忘年月裡面該有的逗號與頓號。在每天被
追趕的日子，一種很想要把所有東西丟掉的暴怒，時時刻刻脹
滿那快擠不下的 36 小時。

我在目黑川，越走越快，
不是急，而是想甩掉想哭的感覺。

右手邊，深綠色的川面，偶爾泛起漣漪，是誰的眼淚？我為了
放鬆，把自己丟到另一個很難放鬆的城市，粗暴的逼迫自己在
這樣世界上最急的地方找到慢下來的秘密，這跟過去幾年，生
活被生存蠻橫的排擠有什麼不同？我到底希望自己可以在這裡
找到怎麼樣的新境界？從這裡飛回去後，希望繼續一天 36 小
時，還是邁向更殘忍的 38 或 42 小時？

我繼續走著，險些用左腳把自己右腳絆倒。最後在看似目黑川
盡頭的地方，驟然停下，一陣巨響，是藏在身體裡埋怨的心跳，
然後熱熱的，我流下在東京的第一滴眼淚。

忘了過了多久，也忘了有沒有人從旁走過，步道下方的目黑川水依舊流淌，枯枝上方的烏鴉嘶啞飛過。原來，過去幾年的我，是在推諉、逃避下把自己丟進漩渦一樣深的忙碌裡，轉著、漩著，為了忘記曾一起見證明治神宮白無垢下幸福神情的那個人與那些記憶。

在中目黑，我恍然大悟。

過去以為清晰的頭腦，卻沒有比此時此刻更加清晰。那些被填滿的日子，如今想來空白一片。忽然之間，被大悟痛擊過的整個人，精疲力盡，卻無比輕盈。我擦去臉上兩行熱得發燙的珍珠，一個轉身，勇敢回頭，慢慢沿著目黑川，再久、再遠，也要走回原來的地方。

當我回到出發的第一步時，濃稠的天，不知道哪時候在角落破了一個洞，燦燦的陽光與水彩般的藍從洞裡流出來。因為這抹晴光，我不想直接離開這裡。在車站旁一棟很小巧、兩層樓高的白色咖啡店——「ONIBUS COFFEE」——我把自己溫柔的放下。在二樓一個陽光剪不斷的窗邊，喝下苦澀但果香甘甜的美式，看著底下公園裡玩耍的一群小朋友，天真爛漫。不知道過了多久，等回過神，玩耍的孩子都已經離開，但窗邊的陽光還沒走，我感覺心裡似乎有點恐懼但卻又極度堅定的下了一個決定。然後忽然海闊天空！就像看完一場結局讓人拍案叫絕的電影，想從丹田放聲暢快的大笑。無所畏懼，就像那群公園裡的孩子。

但我知道，我即將面對的不是結局，是另一個開始。

Q. 妳做了什麼決定呢？

就在這本書最後的最後。

\ 中目黑 /

放鬆指數 ★★★★
想在東京找到放鬆人生的我，
在目黑川有了當頭棒喝的覺悟，覺悟後，心裡面的重量瞬間消失。

從中目黑車站往西口 2 出口方向走，就能看到大大的「目黑川方向」指引。

目黑川的長度很長，一路上川邊兩岸都有許多小店可以逛。可以抓約一個小時的時間，右側前往、左側返回，這樣就不至於走到天荒地老了。

ONIBUS COFFEE
東京都目黑區上目黑 2-14-1
09:00-18:00
休日：不定

有幾間我沒有介紹但非常受歡迎的店家，也推薦給你們：

TRAVELER'S FACTORY
文具控必訪的生活雜貨店，不管是外觀還是內部，都非常漂亮。
東京都目黑區上目黑 3-13-10
12:00-20:00
休日：星期二

cheese cake johann
這間知名的起司蛋糕店，真的很好吃。買一片到目黑川邊的木椅上，邊吃邊享受川邊景色，真的是一大享受。
東京都目黑區上目黑 3-13-10
10:00-18:00
休日：年中無休（但聽說有人在大節日時曾撲空，所以出發前請先確認）

日比谷線
東急東橫線 ──────── 中目黑

- TOKYO -

超市一日旅行

戰鬥力破表
陷入瘋狂的購物慾

要我為東京所有景點作喜愛排名,我可能會陷入選擇障礙,但如果真的真
的要選一個第一名,那我就要不客氣的投票給超級市場了。

一個人在東京,若要餐餐外食──以我那麼愛吃的話還要再加下午茶跟消
夜──那口袋可能會有點淒苦。而且有時候不想外出,只想待在公寓裡面

當根廢柴時，超市真的是最拜把的好朋友。粗略算一算，我在東京這段時間，差不多有 60% 的時間都窩在各大大小小的超市裡面。原因無他，就是我公寓所在的上野地區（如果你也是超市中毒者，請一定要住在上野區，保證讓你刷爆信用卡也想繼續買下去），撇除上野車站周邊密集的商場不說，公寓樓下是便利商店、斜對面是觀光客最愛的唐吉軻德、轉角有一間總是塞滿婆婆媽媽的業務用超市，再過一個街口就是購物天堂多慶屋，接著往前走就會到達有三間分店的二木果子所在地阿美橫丁。

這樣，能不逛到翻過去嗎？

從中目黑大澈大悟回來後，我心情之輕盈簡直無以復加，這種通體舒暢讓我兩手發癢，想大肆血拚的慾望來到最高點。我把兩只從台灣帶來、差不多有我半個身體那麼大的購物袋，帥氣的一個轉身甩在肩頭上，一陣風、髮絲飛揚，我慢動作的往門口走去，決定用一整天的時間走遍公寓附近所有超市，讓內在燃燒的主婦購物魂，徹底奔放！人生，不就是在買東西的路上開拓未來嗎！

不管是什麼零食都好好吃！

這是一份日本年度熱門超市總排行的名單：

　　NO.1：OK（オーケー）

　　NO.2：LIFE（ライフ）

　　NO.3：Yaoko（ヤオコー）

　　NO.4：LOPIA（ロピア）

　　NO.5：SUMMIT STORE（サミットストア）

我最愛的 AEON 與業務超市都沒有上榜，不過沒有關係，只要是琳瑯滿目的日本超市，都好玩。只是，到底哪裡好玩？有過日本節目特別研究：「究竟為何觀光客都喜歡到日本逛超市之解析」。他們分析，因為地域精華，這裡的陳列會顯得特別熱鬧、豐富，架與架之間計算過最勾起購物欲望的距離與高度，再加上斗大聳動的 POP 推銷字樣與多彩的視覺入侵，這些都是把人潮吸引過去的關鍵要素。有時候廣播裡那軟軟、溫柔的女性介紹聲音就像媽媽的呼喚──來吧來吧來買吧，也是催眠洗腦的魅力之一。

但我覺得真正吸引人的，是價格。不要以為東京的高物價也一定反映在超市中，認真計算匯率，有時候特價區的商品遠比台灣要便宜許多，最棒的是還有滿額退稅，在日幣、台幣之間來來回回計算、比價、躊躇，最後放膽一搏，這種刺激，還不好玩？

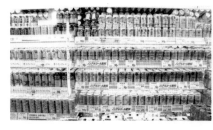

色彩繽紛、種類豐富，怎麼看怎麼迷人～

這天我從阿美橫丁的二木果子開始戰鬥，想從離家最遠的地方慢慢逛回來。二木果子從昭和時代就開始營業，除了零食、糖果，也販售許多泡麵、調味料與土產，尤其很多大包裝的批發價格，總能把人弄得神魂顛倒。

因為接下來口袋名單大約還有 10 家，所以我非常克制自己這個也想拿、那個也想拿的失控。但在二木果子的零食與伴手禮勾魂下，我還沒離開阿美橫丁，帶去的兩個購物袋都已經快裝滿。眼看瀕臨走火入魔，我趕緊跑到櫃台想早早結帳離開。在結帳台前我快速拿出信用卡直直遞出去，忙到翻天的櫃台婆婆快速的把我的信用卡直直推回來，我又遞出去，她又推回來；我再遞出去、她再射回來──用殺的眼神──嚇得我倒退三步。

原來，這裡只能收現金。我緊張兮兮的拿出皮夾裡所有現金後，慘了，好像沒帶那麼多錢出來？櫃台婆婆像等著我算出答案的數學老師，親切感蕩然無存的等著看我怎麼辦。在數學老師冷硬逼人的眼神下，我發抖著快速計算，不夠不夠竟然不夠！

「ちょっと待って、ちょっと待って……」

我像在百寶袋裡面翻遍道具的哆啦 A 夢，把包包裡每個夾層的零錢、備用金通通一把一把梭哈在結帳台上，然後婆婆如吸幣機，一顆硬幣一顆硬幣快速吸走，大約有五秒時間，空氣凝結、四周全暗，我們四只眼睛互看著，彼此腦袋都在 1234、5678 裡面來回來回計算，最後，婆婆俐落吐回兩個一塊錢給我，It's done ！呼，這道數學題總算解答，我可一點都不想在歡樂的二木果子裡面，哀怨的把籃子裡的東西一個一個放回架上。

「ちょっと待って」Chottomatte，是日文的等一下。

本來計畫中是一整天在各個超市遊蕩，但因為帶出來的現金都已經貢獻給二木的數學老師，口袋裡的兩塊錢讓旅人的安全感完全掛零，我只好快快回公寓、清空購物袋、填滿長皮夾，又一陣風、又髮絲飛揚，又慢動作、再接再厲再出發。

除了餅乾糖果，因為不能餐餐花錢外食吃大餐，所以熟食區也是我戰鬥的主場，為此，有一套主婦魂的省錢作戰法：

1. 記清特價時間，拿到手上不心軟

  超市的熟食區品項非常豐富，想一網打盡，把握每天降價的時間就能撿到物超所值的美味。通常降價會落在晚上用餐時間（6～7點）以及打烊之前（8～9點）這兩個時段，價格會一階一階的往下優惠，有時候阿莎力的店家還會直接打對折。如果看見工作人員開始出來貼折扣標籤，快請站好就定位，不貼不拿、一貼就拿，誰來搶也不放手（是也沒人會來搶）。

2. 購買小包裝，把握即期品

  在東京，獨居的人口占比很高，所以超市中許多食材、食物都會以個人為單位做小包裝，常常會有超殺價格。有些超市在結帳櫃檯前或是生鮮區的冰櫃旁邊，會擺上一個菜籃或購物車，裡面裝滿即期品待售。這些即期品價格非常便宜，對我這樣不用儲物屯糧的旅人來說，當天買當天吃、當天超划算。

有些大型超市裡面
還會有像這樣的商品特展。

我最愛
買的~

辣油
唐辛子

無辣不歡的我，最喜歡在超市裡面買辣椒
製品。除了噴香的辣油，裝滿七種香料的
七味粉，更是我的最愛。七味粉並沒有硬
性規定的七種粉料，通常內容有紅辣椒、
陳皮、芝麻、生薑、海苔、罌粟籽、山椒、
紫蘇、火麻仁等等，會依不同的廠牌做組
合搭配。這樣一小罐一小罐的容量，不用擔心開封太久會變質。

我最喜歡
野菜口味

味噌湯

這種一小塊、隨開即食
的沖泡味噌湯，真的很
方便。偷偷跟廣大女性朋
友說，每次出國在陌生環境
總會有嗯嗯出不來的困擾對吧！只
要早上一起床，空腹時沖一包味噌湯來喝，保證 30 分鐘內就有感，屢
試不爽。而且這種味噌湯的口味非常多，在全家便利商店有獨家推出滿
滿蔬菜的款式，料多好實在，對出門在外纖維攝取不足的旅人，真的是
最佳良伴。(好像代言人喔我)

鹽昆布

鹽昆布是一種用醬油、味淋等調味過的昆布絲。它的味道非常鮮美濃郁，與所有食材都能搭配。不管是煎煮炒炸或湯品，只要有它，味道瞬間升級。在東京，因為會自己下廚，但又沒辦法像在家裡一樣備齊所有調味料的克難下，只要有一包這個萬用昆布絲，隨便煮都能所向無敵。

因為日本的昆布食品實在太厲害，在我主婦魂的多方走跳下，發現超商還有一種可以直接吃的昆布零嘴，外型就像乾海帶切片，有原味、梅味、乾式、濕式多種組合。我個人偏好原味乾式，因為可以在嘴巴裡面咬很久；越咬，大海的滋味就越爆發。就與鹽昆布一樣，都是神級的大海恩賜。

越嚼越紓壓

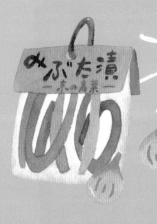

醃漬菜

日本醃漬菜的爐火純青不用多作贅述，我實在很喜歡它們爽脆的口感與多層次的風味，各式各樣的醃漬菜也是我冰箱的必備品。順帶一提，有一種秋田產的煙燻大根，風味之佳，好吃到舌頭什麼時候吞下肚子都不知道。

茶

日本茶更不能少，抹茶、番茶與煎茶，是這裡的名物，在這深秋冷冷的天裡，用一杯濃茶相佐，天堂的日子，差不多也就是這樣吧。

Q. 妳最推薦哪間超市呢？

只要是超市我都很喜歡耶。
如果真的要說，我最喜歡 AEON 的超市，
但東京 AEON 距離市區有一段距離，所以
我會推薦百貨公司地下樓的超市。因為百
貨地下樓的超市通常都乾淨明亮，比起地
方性的主婦超市，因為位在百貨公司，因
此也有考量到觀光客的需求，不管是商品
多樣性或是伴手禮的選擇，都豐富很多。
最棒的是，購物完精疲力盡後，還能就近
在百貨美食街吃個東西、補充體力。

Q. 也能在超市解決三餐嗎？

日本超市或便利商店大多上午 9 點開門，營業至晚上
10 點左右。最近也有越來越多 24 小時營業的超市，
一天之中無論任何時段都能前往。但我不會真的照三
餐往超市跑，通常都是一趟買足早、中、晚餐。早上
會買飯糰或壽司搭配沖泡味噌湯；中午用簡單的食材
自行料理；晚餐則喜歡購買超市的熟食區，如果剛好
遇到特價時段，可以張羅一頓非常豐盛的晚餐＋消夜。

Q. 能不能退稅？

通常都是可以的，購物前看清楚是否有「Tax
Free」或「免稅」的告示牌。要注意的是，通常
商品的標價都會有兩種價格，一個是較大的是
稅前價格、一個放在下方、比較小的是稅後價
格。一般購物不含稅消費滿 5000 日圓，就能免
稅。而免稅也不是結帳時自動免稅，而是要到
免稅櫃台或是另外拿發票到退稅櫃檯去退稅。

\ 超市一日之旅 /

放鬆指數 ★★★★★

血拚很爽快，在東京血拚更是爽快中的爽快，
尤其一袋一袋滿載而歸，什麼壓力都能煙消雲散！

上野車站周邊是百貨商場的一級戰區，光是大大小小的藥妝店就有 20 多間。且所有的商場都很集中，只要腳力、精力、戰力都具備，不怕你買，只怕買不完。

各間百貨商場與超市的營業時間不定，但大多在早上 10:00 後營業，18:00 過後陸續打烊。

二木の菓子
東京都台東區上野 4-1-8
10:00-20:00
休日：年中無休

業務スーパー（業務超市）
東京都台東區上野 2-3-4
09:00-24:00
休日：年中無休

唐吉訶德
東京都文京區湯島 3-38-10
24 小時營業
休日：年中無休

日比谷線		
銀座線		上野
JR 山手線		
京城本線		京城上野

- **TOKYO** -
三鷹之森
吉卜力美術館

穿越迷案公園後的
童話世界

我的第一部宮崎駿電影，是 1986 年的「天空之城」。

這部動畫片完全顛覆當時還是小朋友的我的卡通宇宙觀。雖然那時候已經
有許多長篇的卡通（當時候還不流行「動畫」這個詞彙），但把卡通以大人
電影的方式呈現，「天空之城」的確刷新我心目中對卡通的詮釋。

當暴風雨裡的飛行船，驚險的航行在雷電之後，竟然從朵朵烏雲間看見忽然露出一角的天空之城時，我與飛行船上的人一樣，內心之澎湃難以言喻。從此之後，只要在天空上看見一朵大大的、厚實的積雲，我就深信裡面一定藏著一座沒人知道的天空之城。

這就是宮崎駿帶給所有孩子的浪漫幻想──或夢想。然而這些幻想，亦或夢想，放到大人身上，卻又是另一種完全不同靈魂的感觸。正因為這樣，來到東京，就算吉卜力美術館的票再難買，也一定要想辦法到宮崎駿的世界看一看。

三鷹之森吉卜力美術館的門票，需要提前一個月事先預約購買，不只每天都有進場人數限制，一天還區分四個時段管控入場──後來好像有更改為六個預約時段。想前往的日期、時段若滿額就只能再搶其他天，這對旅遊時間有限的人來說很讓人卻步，雖然也有台灣的旅行業者代售門票，但費用會高出二～三倍。我在東京的行程極度自由，搶到哪天都無妨，到東京的第二天，我就抱持天無絕人之路的心態手刀搶票。但搶到的票已經是要回台灣的倒數前四天，而且還是最後一個入場時段，噢，好驚險。

因為只搶到 16:00 的入場券，所以我不打算坐三鷹之森的接駁車，而是選擇中午就搭地鐵到吉祥寺，想吃過午餐後慢慢地穿越井之頭公園，散步前往。

井之頭公園最負盛名的，就是 1994 年，在公園各處的垃圾桶發現總共 27 袋屍塊的分屍案。

好啦，我知道很恐怖，也很歪樓，但在做行前功課時，一搜尋吉祥寺井之頭公園，立馬就出現一連串這樣的新聞報

導，最討厭的是，這還是一樁懸案，至今沒有找到任何嫌疑犯。唉，這對一個興致勃勃想前往旅行的獨身女子來說，不是很愉快。但進場時間落在下午四點，在吉祥寺逛一逛然後穿越公園走到美術館，實在是一條很完美的路線。百般權衡，我還是決定就這樣走下去。

井之頭公園是一座圍繞著一個大湖而居的森林，森林裡的大樹參天的高，遠遠就擋住頭頂上的陽光，一路上人不多，光線陰陰鬱鬱，一個人走著，一路數著垃圾桶數量，感覺有點異樣。

撇開垃圾桶，境內藏有許多神社與小橋流水的公園，還是很漂亮。最有意思的是，一路上會時不時驚喜的出現深綠色、很童話的指示路牌，提示著還有幾公尺就能到達吉卜力美術館。這讓我想起神隱少女千尋，要到森林裡找湯婆婆的雙胞胎姊妹時，那個一路上守護著的路燈，讓人欣慰又安心。

終於來到最後一座告示歡迎抵達的指示路牌後，我大大鬆了一口氣，並決定等等一定要遠離垃圾桶，繞路從鬧區回家。穿過美術館的大門，第一個出來迎接的，是一隻待在鵝黃色洗石子售票亭裡面的大龍貓，牠睜著大大的眼睛、天真好奇看著我，這一刻起，垃圾桶被拋在腦後，正式來到奇幻王國。這裡的氛圍非常奇幻，但與迪士尼樂園完全不同，是一種曖曖內含光的奇幻。我喜歡坐落在森林裡的建築、喜歡爬在牆面上的薜荔與爬牆虎，更喜歡含蓄地隱藏在各個地方的動畫角色，你得緩慢的、細心的找，才能發掘每一個藏有驚喜的角落。

在入口，我用 LAWSON 的購票證明與護照換了一只幻燈片，這只幻燈片是入場鑰匙，也能憑幻燈片觀賞一部只有這裡才能看到的動畫。跟著這個梯次入場的人群，我內心澎湃的用關鍵鑰匙通過檢查、進入館內。一踏進室內空間，眼前，一個往上迴旋、飛翔的巨大蝴蝶池——對不起，也可能是飛鳥，因為館內禁止拍照，震驚之餘，我實在有點忘了是蝴蝶還是飛鳥——

hi~

巨大的機器人約有4米高

感覺家裡若有一隻會非常有安全感！

衝擊的轟立在正中央，一盞耀眼的投射燈如陽光由上而下照亮，好像所有的蝴蝶都掙脫束縛、無懼的往上飛翔。我站在這裡看著栩栩如生的蝶們，久久不能自己，一種好像在飛行船上看見天空之城的驚愕奇幻，親身經歷在自己身上。試著壓抑心裡的驚濤駭浪後，我才慢慢轉身，360 度把整個室內掃進心裡面。

這裡雖然稱為美術館，卻比較像是走進童話森林裡某個人的家，沒有生硬的展櫃與制式的解說牌，所有的展覽品都融入空間氛圍，一切由參觀者自行心領神會。走上二樓，更加確定，這裡就是宮崎駿的家啊。有他的圖桌、他的茶杯、他使用的畫筆、他繪製的手稿……每個物件隨興的擺放，有時候還要小心翼翼的走過越過，完全復刻藝術家奔放、自由不羈的工作空間。

這裡還能看到宮崎駿的親筆手稿與動畫分鏡圖。身為插畫設計師，我知道一幅呈現在大家面前的插圖，背後必須經過多少構思，必須畫過多少草稿，然後又必須利用多少時間才能完整全貌。這些不是作品，是身軀、是血淚、是歲月。但有多少人能知道這後面的苦辣？我很想駐足好好欣賞眼前的感動，可惜不大的空間擠進太多的人，我每一步都心不甘情不願被推著向前走，後來非常意猶未盡的走完參觀路線。遺憾的從館內出來後，在後面的山坡上，我終於見到天空之城裡的巨大機器人。很多遊客排隊等著與它合影，我沒有加入排隊行列，而是站在遠遠的地方看著。或許很多年前從這機器人開始，就在我心裡種下一顆種子，多年後發芽、成長、茁壯，養成了今天拿著畫筆的自己。我謝謝機器人，謝謝宮崎駿，也謝謝我自己；天空之城，我好像早就已經在某一朵雲裡找到它。

PS. 因為是當天最後一批入場，回程天已暗下，我亦步亦趨、緊緊跟著一團遊客改由鬧區走回車站，把 27 個垃圾桶的懸疑狠狠拋下。

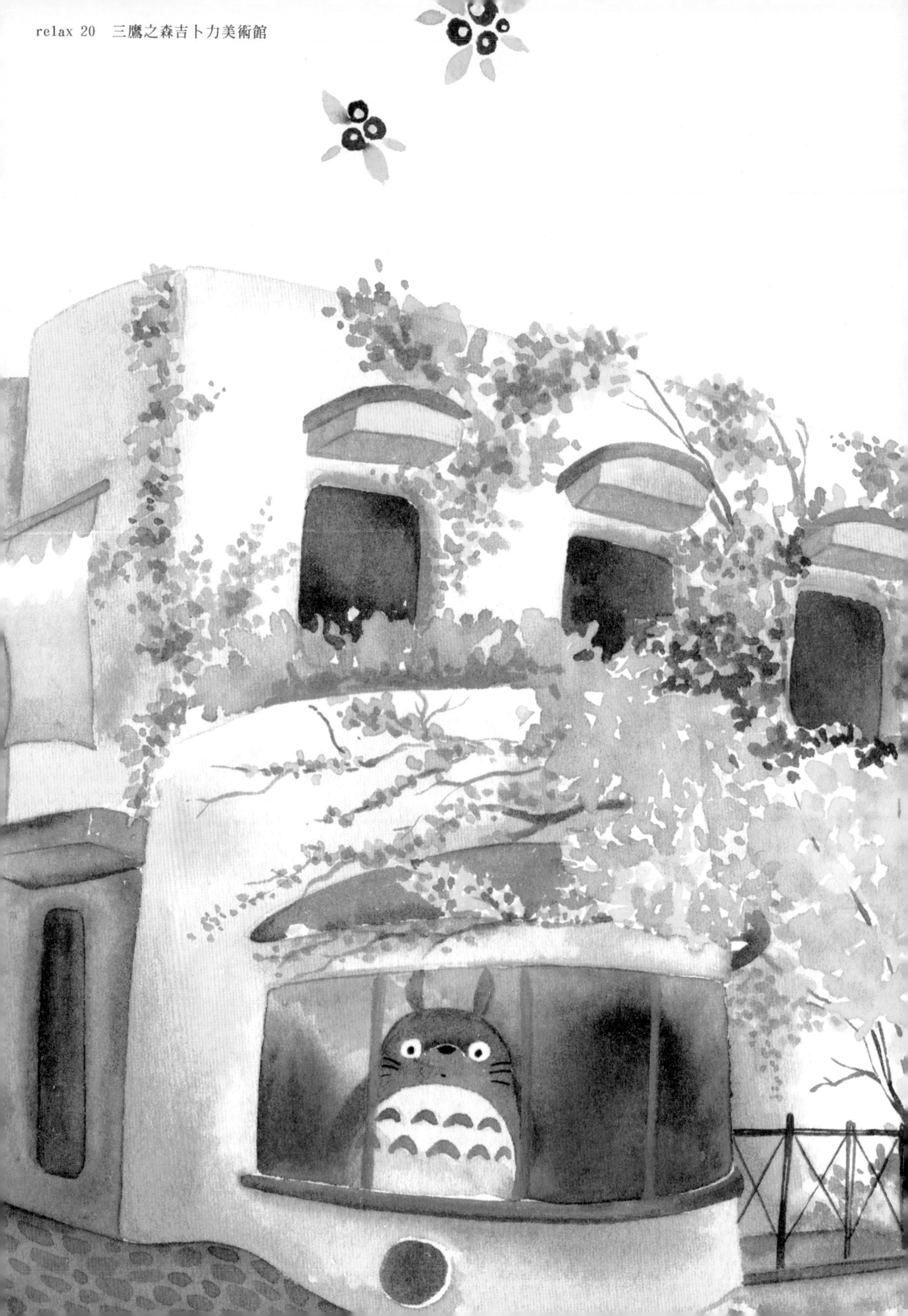

希望下次可以抽到
　第一梯次的時段，
就能跟龍貓好好約會了

＼三鷹之森吉卜力美術館／

放鬆指數 ★★★
吉卜力美術館真的真的很值得來一趟，只是最末的時段分流讓參觀時間壓縮不少，縱使參觀的人數有限制，還是太多人了啦。

吉卜力美術館採完全預約售票制，無法在現場購票，館方於每月 10 號開放下個月的購票，名額有限。可以委由國內旅行團代購、自行到官網上訂購，再到當地使用 LAWSON 超商的事務機「Loppi」取票。

三鷹之森吉卜力美術館官網：
www.ghibli-museum.jp

三鷹の森ジブリ美術館
東京都三鷹市下連雀 1-1-83
10:00-18:00
休日：星期二及表定長期休館日
票價：成人　約日幣 1000
入館場次：10：00、12：00 、14：00 、16：00
(疫情後可能有變動，出發前請先於官網確認)

★ 要注意，館內全程禁止錄影及拍照喔。

JR 中央線 ──────── 三　鷹
JR 中央線 ──────── 吉祥寺

relax
21

- TOKYO -
表參道
假日農夫市集

服裝伸展台遺憾下的
新發現

其實我原本一點也沒打算要來這個市集。

即將回台灣，該去的地方都去了，剩下的幾天不想有行程壓力，但也不想
在公寓裡面無所事事。我想起幾年前曾在表參道看的服裝秀，當時的瞠目
結舌至今還是很難忘。

服裝秀？

表參道是東京時尚流行的基地，許多知名店家與話題品牌都會從這裡開始
進駐，但這裡最有趣的，是每到假日總能看到許多前衛人士的服裝大秀。
有黑唇、黑甲、黑眼影與黑長大衣的龐克族；有全身掛滿金屬、穿了鼻環、
舌環的嬉皮族；有頭髮一半橘色、一半綠色，全身像小丑一樣浮誇的多彩族；
有拿著蕾絲陽傘、穿著蛋糕一樣澎的蕾絲裙的蘿莉塔族；也有踩著 15 公分
厚底高跟鞋、全身布料只遮住重點部位的辣妹族。

記得那時候我坐在人行道旁的矮欄杆上，看著絡繹不絕、川流而過的服裝
秀，實在覺得太驚奇，一看，就看了一個多小時還不想離開。最後被同行
友人死拖活拖才告別服裝秀。所以這天，決定回台灣前再去視覺
衝擊一下，這一次，我想要能看多久就看多久。

沒想到從表參道站出來後，原本應該從 A2 出口
沿著表參道逛到原宿站，但冥冥中卻有一股力
量把我召喚到 B2 出口，莫名的走上青山通，
然後發現了這個在聯合大學廣場上舉辦的假日
農夫市集。

廣場雖不大，但裡面塞了許多來自日本各
地的主題小農攤位。哇，預料之外的市集
讓我眼睛一亮，天氣很好的這天，白色帳
棚下的攤位顯得活力十足。雖然說是農夫
市集，但攤位品項很多，除了標配的各式
農產品外，還有小農自製麵包、果醬、醃
菜、花草與手工藝品。

很好喝的現榨果汁

完全塞不進
行李箱的手工藤籃

手工餅乾上還畫上了
漂亮的糖霜圖案

我跟著人群擠進裡面，發現身邊好像都是當地人，熟門熟路的採買蔬果食品；商家與客人熱絡的聊天，就像自家人一樣自在。對於莫名地在前衛表參道發現這樣質樸的天地，我有別於他人，一個人愣頭愣腦像隻鄉下來的老鼠，這裡也驚奇、那裡也驚奇。

我非常喜歡這個日常生活般存在的市集，沒有任何刻意的包裝，只是簡單的把農夫們在產地的小日子直送到攤位上，用一桌新鮮與一臉笑容宣傳自家商品，這種感覺就像是在傳統市場購物，但卻又添增 100% 的美學在裡面，讓整個氛圍更加精緻、更加有質感。

最讓我興奮的，是這樣的市集可以吃到很多美味！尤其當小農們發現我是一隻來自異地的鄉下老鼠後，他們非常熱情大方的把自家商品往我嘴巴裡塞。繞了一圈市集，我喝了來自山形縣的水梨汁、吃了沒見過的長野縣白蘋果、品嘗到山梨縣超香的自製花果醬、享受了一塊鎌倉很有嚼勁的酵母麵包，最後在不曉得什麼縣的天然蔬菜沙拉醬與奈良無農藥生產的茶湯中，驚覺自己吃了太多東西。

不知道是心情的關係，還是真的每樣食物都那麼好吃，每一攤的試吃完全沒有踩雷，不管走到哪一攤，感覺就像是置身到那個地區的農場，品嘗到的滿是食物最原始的味道，沒有多餘的加工與調味，全是真真實實大自然的餽贈。

原來簡單就是最不簡單的事。

但礙於我再過幾天就要飛走，很多東西都沒有辦法帶回去，最後我忍耐著只帶走一瓶現榨蔬果汁與一些手工餅乾。噢對了，為了讓自己也像個剛睡起來、出門採買的當地人，我還買了一只手工編織的籃子來裝那瓶蔬果汁與餅乾，好襯托這 100% 美學的農夫市集──結果那只手工編織的手提籃，你們知道有多難塞進行李箱嗎！

因為完全搞錯方向，逛完意外的農夫市集後，我硬生生的往南、在青山區繞了一個大 U 再接到原宿站，剛好把表參道的伸展台漏好漏滿。

最後，我沒能再一次參加服裝秀，沒關係，這個遺憾留給下一次來填滿。這天，我在農夫市集已經有陽光盛燦的大滿足了。

\ 表參道假日農夫市集 /

放鬆指數 ★★★★
這個市集的顏值完全沒話說，小而精緻，在陽光下是顆閃亮的寶石，
但如果能再參加表參道的服裝秀那這一天就太完美了。

從表參道站 B2 出口的地下道出來後直直走，約 3 分鐘就能到達。

出發前可至官網查詢：
www.farmersmarkets.jp

農夫市集
東京都澀谷區神宮前 5-53-70
每星期六、日 10:00-16:00

 銀座線
　　　　半藏門線　　　　　　　　　　表參道
　　　　千代田線

relax
22

- TOKYO -

隅田川散步

在光與水與鬆之間
一秒進入待機狀態

整個東京伴手禮最好買的地方，我覺得是淺草與晴空塔。下町文化的淺草，
有許多老東京的傳統物產可以挑選，尤其雷門大燈籠的圖樣，讓人一眼就
能認出來自東京正宗。至於想要跟風一點的新東京伴手禮，那就往晴空塔
去，在那裡可以找到許多最新流行話題的禮品與食品，想送一款走路有風
的伴手禮，晴空塔絕對可以辦得到。

可以玩水的
小階梯

想要老東京、新東京一網打盡，最好的辦法，就是連結淺草與晴空塔一日生活圈，然後把橫在兩地之間的隅田川沿岸，當作一個逗號，大口深呼吸，再出發。

在東京這段時間，除了上野恩賜公園，我待最多的地方就是隅田川沿岸。一方面是這裡的一日生活圈實在太好玩、太好買，另一方面是，在新舊城市轉換之間的這條川，像是一股清風，拂面舒心，不管是從新走到舊、還是從舊走到新，總是閃著粼粼波光的川水，清新不入世俗，新舊都不爭，大方的把我留在幸福這一國，樂活傲視。

就像飛在台灣與東京之間的我，在鬆與不鬆裡面探險到的天地，其實就跟隅田川一樣，一直都在，只是來來往往沒能好好注意它。

即將離開東京，我抓緊時間，晚上瘋狂整理行李，白天忙著在淺草與晴空塔兩岸補齊伴手禮。然後還很貪心的，又挪了許多時間停留隅田川，想把這裡的所有通通打包進身體裡──吹過的風、淋過的冰雨與溫暖過的深秋陽光；走過的路、擦身的花草與每個交談過的臉龐──塞滿心裡一大塊有點興奮又有點捨不得的地方。

坐在隅田川公園面對川水的草地上，我很喜歡就這樣靜靜發呆，進入徹底的待機狀態。因為什麼都不做，反而有更多空白可以書寫，痾，說書寫人生太過文青，在這裡，我只是單純書寫時間，感受當下。從晴空塔、淺草兩岸來往的遊客，時不時把安靜的川水攪得活絡起來，然後又把閑靜遺留下來。這裡是別人的中繼站，卻是我最喜歡的主場，感受安靜與熱鬧、感受空白與繁雜。

想起第一天在上野恩賜公園那失敗的退休生活，待了一個月的我，彷彿不用練習就能直接進入退休狀態，就算腦袋裡一個聲音叫我趕快起身回去整理爆炸的行李，身體還是很軟爛地鬆在隅田川河畔。待機的思緒鬆得想不起來我剛剛是從舊走到新、還是從新走到舊；不過沒差，在這個光與水與鬆的地方，往哪裡走都很棒。

\ 隅田川 /

放鬆指數 ★★★★★
我真的非常喜歡這一區，不管是從淺草過來、還是從晴空塔返回，
隅田川就像過場的副歌，聽不膩也讓人流連忘返。

隅田川沿岸指的就是淺草與押上（晴空塔）兩站之間的川邊，也包括隅田公園。

2020 年 6 月開始，在東武鐵道「東武晴空塔線」高架橋下「TOKYO mizumachi」開幕了，有許多美食、伴手禮與品牌選物店。「TOKYO mizumachi」讓淺草與晴空塔之間的步行有更多可以期待的樂趣。

隅田公園
東京都台東區花川戶 1-1
它位在隅田川的吾妻橋與櫻橋之間，從淺草站出來步行約 3 分鐘就能到達。

銀座線 ——————
淺草線 ——————   淺 草

淺草線 ——————
半藏門線 ——————   押 上（晴空塔）

在隅田川晴空塔這一岸的墨田區，
有許多陽光般存在的小店，
尤其生意盎然的花店
是我的最愛！

relax
22

- TOKYO -

六本木點燈

融化歐巴桑務實之心的
萬丈光芒

在放鬆之旅過了一半的日子開始，不管到哪裡，都有濃濃的耶誕味。

原本很想在東京待到跨完年，但想著那間要價不斐的公寓與被土產搶光錢
財的口袋，我還是決定在耶誕節前飛走。但走之前，感受一下即將跨年的
歡愉還是必要。每年 11 月中到耶誕節——有些地方會延續到隔年西洋情人

節──在六本木都會有盛大的點燈派對。

我個人對點燈的興趣不是那麼高，覺得在綿延幾公里的欄杆、樹上掛滿燈飾然後整個晚上一閃一閃的，實在浪費電又不環保。但東京放鬆之旅已經來到尾聲的尾聲，這本書的行程也走到最後的最後，我也該暫時拋開務實的歐巴桑性格，到六本木羅曼蒂克一下。

驅使我前往點燈派對的另一個誘因，是在大屋根プラザ的聖誕市集。果然還是市集最吸引人，它也是我在這裡的最後一個市集了。為了它，我破例入夜後不在床上定格，願意起身千里迢迢到六本木去人擠人。

充滿奢華氣息的藝術之都六本木，是東京商業重心，平時基本的人潮已經很多，接近耶誕節的這時候，人潮與車潮大概是基本數的十倍──我自己覺得啦，從公寓的上野御徒町到六本木要經過 14 站，每經過一站，人潮就多一倍，差不多經過 10 站後，我已經被擠到臉頰貼平窗戶，六本木站抵達，車門一開，我猶如水球爆裂般被彈射出去，驚心動魄。

「不過就是燈、很多燈，到底有什麼好看？那麼多人……」我被擠得語無倫次。

出站後，我一路碎碎念，跟著指標往「けやき坂」走，走到六本木之丘天橋時，剛好往下俯瞰けやき坂通り。

「哇！」
「哇嗚！」

「けやき坂」是日文的欅木大道。

直到剛才還對點燈嗤之以鼻的歐巴桑，瞬間切換少女模式。我簡直不敢相信眼前景象。

走到天橋中央，也正好是道路的中央分隔線正上方，在這個絕佳位置眺望，往前數百公尺的兩側行道樹，全都掛滿細碎的銀藍色燈火，這些銀藍燈火像是直接從欅木上長出來，一棵接著一棵，一路綿延到最遠方的東京鐵塔。銀藍色光亮聚集至紅色的鐵塔後，以一種聚光燈簇擁的迷幻，把東京鐵塔圍塑成夜裡最璀璨的巨星，在星空下，共同進行一場夢幻演出。

果然是聲名遠播的六本木點燈，難怪每年可以把那麼多人同時間吸引過來。我完全原諒剛才地鐵裡的眾人近身施壓，用電光火石的速度把眼前景象拍了又拍、拍了又拍，藉此對「浪費電又不環保」的指責進行贖罪。

人生嘛，偶爾需要一點浪費與跳脫，這是美好事物存在的奢侈交換。

因為想到
爆炸的行李箱
我很克制
沒在市集裡
買東西

位在六本木 Hills 大根屋 PLAZA 的耶誕市集，原本是把我從床上誘拐出門的主因，但因為在百貨公司裡面，規模不大，差不多只有 10 攤左右的市集小屋。這些很有異國情調的小屋販售各式各樣耶誕商品，也有與德國耶誕市集一樣的馬克杯熱紅酒與德式烤香腸。雖然攤位不多，但人潮波濤洶湧，每一攤，我都只見到背影、後腦杓與很多背影及很多後腦杓。很快的，我已經繞完兩圈，正準備繞第三圈時忽然回過神來覺得沒有再繞下去的必要，便回到剛才讓我嘆息不已的けやき坂燈火下，繼續欣賞萬丈光芒。

我很高興在回台灣的前一晚離開那張床，也很高興在東京的最後一刻獻給這樣美麗的燈光。我站在天橋上，想著這一個月來尋找的放鬆生活成效究竟怎麼樣？從一開始的淒慘大雨到後來的燦燦陽光，從晦暗的目黑川到眼前這片撐起天際線光亮的欅木大道。這一路走來，我沒有找到任何放鬆的秘訣，甚至在很多情況下更加緊張兮兮，比如那些天遇到的婆婆們。

但在目黑川我恍然大悟，「放鬆」這件事，身而為人就不會有永遠停留的閒暇時刻。真正的放鬆，來自心境上的拿捏與抽離，只要有那麼一點點瞬間可以感到完全的鬆，就已經是很幸福的事情。

就像這段時間，時而晴、時而狂風暴雨；時而陰、時而燈火璀璨，這些只是日常的日常，不用刻意追尋，該在，它就會在。

沒想到原本讓我不抱期待的六本木點燈，竟能在我心裡點上熊熊大火，重新燃起剛到東京時的浪漫靈魂與堅韌意志，讓我對前方的每一個日子，充滿超元氣的期待。

\ 六本木點燈 /

> **放鬆指數 ★★★★★**
> 最後一天了，很捨不得，可是心情很輕鬆，
> 看著點點星火，覺得人生再苦悶也能有繼續往前走的元氣了。

耶誕期間，在六本木 Roppongi Hills 與東京中城 MidTown Christmas 有許多地方都有耶誕點燈與特展，最受歡迎的是欅木大道的綿延燈火。

點燈期間會落在每年 11 月初到耶誕節當天。

けやき坂 (欅木大道) 點燈
六本木站往 Roppongi Hills 的出口，跟著指標往「けやき坂」走。
17:00-23:00

大屋根プラザ 耶誕市集
東京都港區六本木 6-10-1 / 六本木 Hills 的大根屋 PLAZA
每年 11 月底到耶誕節當天
11:00-21:00 / 星期五、六兩天 11:00-22:00

 日比谷線
大江戶線 ═══ 六本木

final
女孩一人在東京

怎麼沒有人搭訕？

Q. 一個女孩自己旅行，安全嗎？

我覺得女孩一個人到日本旅行，算是非常安全又方便的。

不過，整個東京都（不是只有我們常去的東京23區喔）約是台灣新竹以北的大小，人口卻有一千三百多萬，這樣聽起來已經夠擠，更別說大部分人口與遊客還都集中在我們常去的23區裡面。因此在東京，還是會有治安欠佳的狀況，尤其在遊客特別多的地方，如新宿、澀谷、池袋等，因為人多手雜，難免會有扒手行竊的憂慮。

前幾次到東京身邊都有旅伴，到哪一區玩樂都沒有想太多。但這次自己一個人，我還是會謹慎的盡量避免治安欠佳的區域。白天倒還好，入夜之後，我就盡可能回公寓當廢柴。如果真的要出門，也會避開較雜亂的地方。像是新宿的紅燈區「歌舞伎町」，入夜之後就會有許多人在路上攬客；再晚一點，從店家或居酒屋出來的醉漢也會開始在路上出沒，女孩一人，還是避開較好。

車站裡會有這樣的告示牌，多少對痴漢有點警惕作用。

住宿的話，如果像我一口氣住那麼長的時間，很多人會選擇青年旅館入住，費用上可以節省相當多。但許多青年旅館都是多人一間、共用衛浴。痾，我自己是真的沒辦法啦，撇開與陌生人同住

的不安全感外，我還是喜歡擁有自己的獨立空間與衛浴設備，這樣要廢起來還是比較自在。錢嘛，努力再賺就好，人生，還是需要我們用力揮灑一次。女孩自己愛自己，上網找一間適合的飯店或公寓，小一點也沒關係，安全至上、自在為先。

Q.如果我不會說日語呢？

不瞞各位，我也不會說日語啊。

我會的都是非常基本的，像是你好、日安、謝謝、沒關係、沒問題、不好意思、等一下……等。這些簡單的片語我想大家出門前多熟悉一下都不是問題，但如果真的要與日本人對答交談，我還是沒辦法。

不過非常禮貌、對外國人又親切的日本人，就算遇到不會日語的遊客，還是會很熱心的交談，幾乎不介意你是不是聽得懂……這時候，我有一個法寶：

日本語ができません

Ni-hon-go - ga - de-ki-ma-sen

（請照著英語發音念即可）

究竟為何大笑？？？

這句話是「我不會說日語」的日語。通常只要說出這句話，對方都會先大笑，然後更加熱情的對我比手畫腳。所以不會日語請完全不用擔心，上面那句話學起來，然後再勇敢的比手畫腳，一樣可以走遍東京南北。

Q.聽説東京的地鐵像地獄，很可怕？

現在網路非常方便，隨便一查都能拿到東京地鐵網絡圖，然後，這一圖在手，全都看沒有。

實在是東京地鐵太多條、太複雜，看得讓人眼花撩亂。但不要被那密密麻麻的地鐵圖給震攝呆掉，行程安排好之後，在兩點之間鎖定該條路線，並確認中途是否有需要轉運的站，這樣就好，其他的通通不看，其實就與台北捷運圖差不多了。

東京地鐵的標示也很清楚，只是要有心理準備，有時候雖然同一個站名、但分屬不同路線時，月台與月台之間得走上很長一段路。所以闖蕩東京地鐵不是問題，唯一需要擔心的是腳力與體力。

另外，盡可能避開上下班的擁擠時間。相信我，上下班時間的東京地鐵真的相當相當嚇人，有時站務員會把在門邊的乘客用力推進車廂裡好準時出發。我們不用上下班，請儘量避開：

上午高峰 07:00~09:30

夜間高峰 17:30~19:30

這兩個時間就用來吃早餐與晚餐吧~

方向感很差、對東西南北的敏銳度幾乎趨近於零的我，想想，好像也沒有在東京迷路，只有幾次莫名的下錯站、走錯出口而已，但充滿驚喜就是旅行的期待，坐錯車也是一種美好的意外，不用太過介懷。

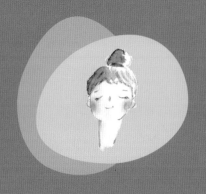

In the end
放鬆了嗎？

Q. 妳在目黑川做了什麼決定呢？

我在目黑川，忽然之間下了決定，那是一個人生的大轉彎。

我在自己老家的日光閣樓開始了插畫人生，四年後，工作室正式在台中市區落腳；從此七年，就是每天每天 36 小時的日夜工作。有時候，我甚至有「生病了就能住院休息，該有多好」這樣病態的念頭。

在目黑川，我忽然驚覺如果不將自己抽離那樣的日子，那不管到哪裡尋求放鬆的方法，都只是自欺欺人的淒淒慘慘。

回台灣後，我用最快的速度停止在台中市工作室的一切，從房租解約到打包搬家，電光火石般的斷尾求生。然後在老家附近的一塊地，從蠻荒開始拓墾、除草、種樹，再蓋了一間包容我、包容慢、包容放鬆的小屋，把畫畫與生活與花草與狗，都放進這塊不急的小宇宙裡。

在小宇宙的晴光與鳥鳴間，我學會了欣賞生活中所有事物的美好，看牆邊的薜荔一步一步慢慢爬著、看龍眼樹上的鳥巢探出小小的頭、看狗狗追著蜥蜴在花園裡瘋狂跑跳……用一種不急的心情，看著倏忽變化的日子。即使陰雨驟風、即使渺小如礫，我也可以從中感受它們的樂趣。

這是一種好好活著的感覺。

你說，我在東京有沒有找到放鬆的秘密？

每天在門口
迎接我的
小黃花～

從嫩綠的春天到燦藍的盛夏

前往小屋的路會被花草熱情歡迎著

這裡的每一棵樹

每一株植物與花草

都是我親手種下

陪著我　四季更迭 千姿百態

當然還有我最愛的歐

也在這個小宇宙裡放鬆生活

我的美好放鬆生活

未完待續！

{小藍花}

1 淺藍色打底，趁水分飽和時，
在花瓣根處加上深一點的藍色。

速度太慢
就沒辦法
做出漸層了

2

調一個更深的藍黑色，
在步驟1還沒乾時，從花托處
往花梗畫去，讓顏料自然融合。

3

花朵完全乾燥後，
再點上花蕊。

✦《 HERE！水彩使用色票

214

泡澡、大叫、甜點、追劇，放鬆的方法有千千百百種，對我來說，畫圖也是其中一種。把水與顏料慢慢的調和，再將色彩抹在畫紙上，隨著時間，看那色彩在分秒間變化。畫圖裡的每一個步驟，都像是安撫的妙手，把焦慮與煩躁，一點一點慢慢撫平。如果你也喜歡畫圖，一起來試試，下一次，你也可以把東京的每個角落，都挪進畫紙，永遠收藏。

{ 幸福青鳥 }

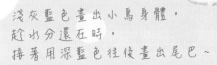

淺灰藍色畫出小鳥身體，
趁水分還在時，
接著用深藍色往後畫出尾巴~

身體水分乾燥後，再畫翅膀。
翅膀技法與步驟1相同，
先用藍色畫前半部，趁水分還在時，
接著用藍紫色畫後半部。

用深一點的顏色隨興畫出
小鳥羽毛紋理。

最後加上眼睛與
嘴巴就完成了！

HERE！水彩使用色票

{紅漿果}

1 先畫出兩個淺色的漿果。

深淺兩種漿果重疊在一起，
讓顏料隨水分自然流動。

淺色漿果水分
還沒乾時，
用深一點的紅
畫出其他漿果。

速度
要快喔！

3

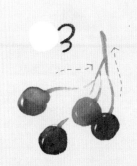

緊接著用綠色從漿果位置，
往上畫出漿果梗，
梗與漿果交接處，
自然保留顏色交接的漸層。

✦（HERE！水彩使用色票

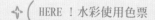

{ 西瓜切片 }

用水分很多的淺橘紅 畫出三角形，
趁水分飽滿時，從上方加入 ，
西瓜片最下方保留淺色。

等步驟 1 完全乾後，
在西瓜片下面
畫一道淺綠色。

最後畫上深綠色果皮與
西瓜籽，是不是很簡單！

{ 尤加利葉 }

1

黃綠色畫出幾個隨興的圓圈，
把筆洗乾淨吸乾水分，
稍微吸去葉片上方的顏料，
營造反光感。

2

趁步驟1的黃綠色還有水分時，
在葉片邊緣點上一些淺灰色，
完成尤加利葉的霧面質感。

3

速度
要快喔！

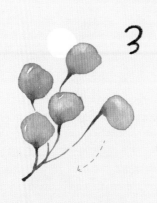

從葉片下方，
用深綠色往下畫出尤加利的莖，
葉片與莖的交接處，讓顏料自然融合。

HERE！水彩使用色票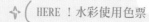

{ 小盆栽 }

1

先以淺綠色 ● 畫出中間盆身，
再用深一點的綠 ● 畫兩邊把手，
讓深淺兩種綠顏料互相融合。

2

葉片因為中間不留白線空隙，
所以需要一片乾了才畫下一片，
每一片的技法都可用步驟1的方式，
以兩種不同的綠來做搭配。

3

葉片水分乾後，
在葉片上用深一些些的綠
點畫出紋路質感。

4

以深綠色填滿盆內的陰影，
最後幫小盆栽加上幾個
可愛的小字。

✦ (HERE！水彩使用色票

{ 小黃花 }

1

淺黃色打底，畫出三瓣花瓣，
花瓣的形狀，是用三個胖胖的
水滴形狀去組合而成的。

2

趁淺黃色還沒乾時，
在淺黃色顏料中加一點點橘，
調出橘黃色，
點在花朵中心與花瓣邊邊。

3

等水分完全乾燥後，
花朵中間畫上幾顆花蕊:)

✧(HERE！水彩使用色票

{栗子小蛋糕}

2

水分乾後，用更深一點的
橘黃色隨意畫出餡料質感。

1

先用水分很多的 ◯ 上栗子餡料，
趁水分還沒乾時，
從邊邊點上深一點的 ◯
讓顏料隨著水分自然流動。

用步驟1相同的方法，
先以淺棕色畫出塔的基座，趁水分還在時，
邊邊點上深棕色，創造深淺不同的漸層。

3

yummy !

4　最後頂部加上深咖啡色的巧克力豆，
好吃的栗子塔就完成了。

✦（HERE！水彩使用色票

Let's
take a break !

放鬆，絕對是人生大事，
我們一起鬆一鬆！

bye bye !

迷戀於，用手繪的溫度，炙熱日常美好角落；
暈眩在，用溫潤的雜想，拼湊生活每片視野。

如果你喜歡我的文字、我的插畫，也喜歡狗狗與花草，請一定要來：

FB：tonton38　　IG：janhsuans

如果你喜歡我的設計，有話想對我說説，請與我聯繫：
e：tonton16.tw@gmail.com

我們一起鬆一鬆！

2AF690

TOKYO，放鬆出走：
一期一繪的東京慢活風景

作者－插畫──劉彤渲／
責任編輯──陳姿穎／內頁設計──染渲森森／封面設計──江麗姿／
行銷企畫──辛政遠、楊惠潔／
總編輯──姚蜀芸／副社長──黃錫鉉／總經理──吳濱伶／發行人──何飛鵬

出　　　版　創意市集
發　　　行　英屬蓋曼群島商家庭傳媒股份有限公司城邦分公司
　　　　　　歡迎光臨城邦讀書花園網址：ww.cite.com.tw

香港發行所　城邦（香港）出版集團有限公司
　　　　　　香港灣仔駱克道 193 號東超商業中心 1 樓
　　　　　　電話：(852) 25086231
　　　　　　傳真：(852) 25789337
　　　　　　E-mail：hkcite@biznetvigator.com

馬新發行所　城邦（馬新）出版集團
　　　　　　Cite (M) Sdn Bhd
　　　　　　41, Jalan Radin Anum, Bandar Baru Sri Petaling,
　　　　　　57000 Kuala Lumpur, Malaysia.
　　　　　　電話：(603) 90563833
　　　　　　傳真：(603) 90576622
　　　　　　E-mail：services@cite.my

展 售 門 市　台北市民生東路二段 141 號 7 樓
製 版 印 刷　凱林彩印股份有限公司
初 版 一 刷　2023 年 8 月
Ｉ Ｓ Ｂ Ｎ　978-626-7336-04-5
定　　　價　450 元

客戶服務中心
地址：10483 台北市中山區民生東路二段 141 號 B1 ／服務電話：(02) 2500-7718、(02) 2500-
7719 ／服務時間：週一至週五 9：30 ～ 18：00 ／ 24 小時傳真專線：(02) 2500-1990 ～ 3 ／ E-mail：
service@readingclub.com.tw

國家圖書館出版品預行編目 (CIP) 資料

TOKYO，放鬆出走：一期一繪的東京慢活風景 / 劉彤渲著.
-- 初版. -- 臺北市：創意市集出版：英屬蓋曼群島商家庭
傳媒股份有限公司城邦分公司發行, 2023.08
　　面；　公分
ISBN 978-626-7336-04-5(平裝)

1.CST: 旅遊文學　2.CST: 日本東京都

731.72609　　　　　　　　　　　　　112007773